· 亚洲经典著作互译计划 ·

The Project on Mutual Translation and Publication of Asian Classics

این اثر متعلق به پروژه ترجمه متقابل آثار کلاسیک ایران و چین در برنامه ترجمه متقابل آثار کلاسیک آسیا است

# 化作红宝石的心血

## 哈梅内伊回忆录

[伊朗] 阿里·哈梅内伊 著
齐文东 译

西南大學出版社
SWUP
国家一级出版社 全国百佳图书出版单位

图书在版编目(CIP)数据

化作红宝石的心血：哈梅内伊回忆录 / (伊朗) 阿里·哈梅内伊著;齐文东译. -- 重庆：西南大学出版社, 2023.12

ISBN 978-7-5697-2123-2

Ⅰ. ①化… Ⅱ. ①阿… ②齐… Ⅲ. ①哈梅内伊—回忆录 Ⅳ. ①K837.37

中国国家版本馆CIP数据核字(2023)第250961号

# خون دلی که لعل شد

# 化作红宝石的心血：哈梅内伊回忆录

HUAZUO HONGBAOSHI DE XINXUE:HAMEINEIYI HUIYILU

[伊朗]阿里·哈梅内伊(علی خامنه‌ای) 著 齐文东 译

出 品 人：张发钧
出版统筹：徐中仁
责任编辑：李浩强
责任校对：王传佳
装帧设计：闰江文化
照　　排：张 祥
出版发行：西南大学出版社(原西南师范大学出版社)
网　址:http://www.xdcbs.com
地　址:重庆市北碚区天生路2号
邮　编:400715
电　话:023-68868624
印　　刷：重庆升光电力印务有限公司
成品尺寸：148 mm × 210 mm
印　　张：11.875
字　　数：220千字
版　　次：2023年12月 第1版
印　　次：2023年12月 第1次印刷
书　　号：ISBN 978-7-5697-2123-2

定　　价：78.00元

无论是谁在屠刀面前如山一般挺立

他心中的热血都将化作红色的宝石

——萨埃卜·大布里齐[1]

1　萨埃卜·大布里齐(1601—1671),伊朗著名诗人,波斯诗歌印度风格(体)的代表性作家。

# |总|序|

书籍在所有民族中都占有非常重要的地位,因为它是传播信息和知识的重要工具,也是创造璀璨文明和辉煌历史的主要因素。毋庸置疑,没有书和知识,文明就不可能产生。书既是文明的起源,也是文明的结晶。伊朗和中国在历史上都以拥有丰富的文化和灿烂的文明而著称,两国留下的丰富手稿是伊中两大文明古国在历史上重视书籍的最好见证。今天,两国的文化和科技关系,更加凸显了书的重要性和它对两国关系的影响力。在许多波斯语著作中,有关于中国、中国人和地理特征的描述。在中国的著作中同样有描写伊朗文化、艺术和民俗的美妙篇章。两国互相介绍对方的文化,使得两国文化关系源远流长,畅通无阻。在我们生活的这个时代,虽然新媒体和新传播工具的出现在某些领域取代了书籍的地位,但书籍作为文明的载体依然在各国文化交流中发挥着不可替代的作用，依然是国际文化交流中重要的媒介。

鉴于书籍的重要性，伊朗和中国两个文明古国签署了经典著作互译协议，将两国在科技、文学和历史领域的名著翻译成两国语言出版发行，把先辈留下的文化、科技和思想呈献给两国人民。现在呈现在读者面前的这套书就是在该协议框架下出版发行的，希望有助于加强两国人民和政府相互了解和认识。

中伊经典著作互译项目编辑委员会

2022年5月

# |译|者|序|

本回忆录是伊朗最高国家领导人哈梅内伊对自己四十岁之前的人生回顾，内容主要包括其家庭身世、成年之前的学业及兴趣爱好、伊斯兰革命运动中的思想变化及部分行动等。其中，狱中和流放期间的生活及遭遇是重点。需要说明的是，此回忆录并非他当时的全部经历。

回忆录的最初形式是哈梅内伊在会议上的讲话录音，时间跨度从伊斯兰革命胜利之初至2006年之前，讲话时使用的是阿拉伯语。穆罕默德·阿里·奥扎尔沙布对录音的内容进行了整理并编辑成册，而且得到了回忆者的认可。该书于2019年2月在黎巴嫩的贝鲁特出版。之后，穆罕默德·侯赛因·巴特曼·格里奇将其译成波斯语，由隶属于伊斯兰革命文化研究所的伊斯兰革命出版社于2019年上半年在德黑兰出版。此中文版译自其波斯文版第六版。

鉴于该回忆录是口述作品，译者在翻译时尽力体现和保留了原著的风貌，基本未对词句进行修饰和改动，甚至在语序上也尽可能与原著保持一致；对原著中的日期未直接转换成公历，而是在页脚处做了注释；对原著中所出现的《古兰经》经文，虽然作者附有注释，但考虑到是固定的经文，便引用了中国社会科学出版社1981年出版的马坚的《古兰经》译文；对地名和主要人物及事件做了简要标注；原著中的阿拉伯语诗歌译自其波斯文注释。

原著中使用了一些头衔和敬称，如宗教头衔“阿亚图拉”、表示身份的“谢赫”、去麦加朝觐者的“哈吉”和与先知家族有血缘关系的“赛义德”等，有时甚至还不止一个，这令整个称呼显得冗长和烦琐，而这些头衔和敬称并不属于姓名的一部分，但是翻译时还是尊重了原文。鉴于“赛义德”的特殊性，在个别地方如“某人叫什么名字”的句式里，为避免读者误以为是名字的一部分而将其置在了名字之后，并补充解释为“他是一个赛义德”。

无论对哪一个民族来说，节俭朴素、勤奋上进、坚忍拼搏、扬善抑恶、讲究卫生等都是值得崇尚的美德，而这些优点在回忆录中都有明显的体现。另外，回忆者的机智敏锐、审时度势、善于把握时局、勇于创新但不冒进、有坚定的信念和不屈不挠的斗争意志等，也能给人带来奋发向上的启迪。需要强调的是，该回忆录着重阐述的是回忆者本人从童年时期至伊朗伊斯兰革命胜利之前的部分日常生活与学习经历、政治主张与思想观点的变化、采取的具体行动与遭遇的艰难困苦以及最后取得的成功和结果等，涉及了伊朗现当代众多的人物、事件和回忆者的个人看法。因此，希望本书能对读者了解伊朗在当时所处的内外环境，特别是对理解伊朗伊斯兰革命产生的社会背景等情况有所帮助。

在翻译阿拉伯语诗歌时，得到了北京第二外国语学院中东学院院长侯宇翔教授的指教。在梳理波斯语文本时还得到了伊朗驻华大使馆文化参赞阿巴斯阿里·瓦法伊(ABBASALI VAFAEI)教授和德黑兰塔巴塔巴伊大学教授、文学博士扎赫拉·穆罕默迪扬(ZAHRA MOHAMMADIAN)女士的协助。在此一并表示衷心的感谢！

由于时间仓促等各种原因，译文一定存在不足之处，有些译法甚至难免欠妥，敬请读者谅解并批评指正。

中文译者

2022年6月于北京

# 寄语读者[1]

我用阿拉伯语讲述了这些回忆录，尽管我从内心里深深地热爱着这门语言，然而，当我用它表达那些跌宕起伏的故事时，实际上还不是一个阿拉伯人在说阿拉伯语。因此，我不能像一个从小就掌握这种语言的人一样完美地驾驭它。在表述时，我总是遇到诸如发音不准、用词不当、描述欠佳和词汇匮乏甚至是弄错词义的情况。于是，我就像一个在崎岖不平之路上谨慎行走的人，慢吞吞地讲述着，生怕自己犯下错误。显然，我的这种说话节奏，与读者所喜欢的流畅动听的表达方式相比还存在着很大的差距。

我的兄弟般的朋友，学者奥扎尔沙布博士，从结构编排、连贯性、构词和润色等方面对其进行了加工。当然，一切都是在对原义未做任何改动的情况下进行的。亲爱的读者，以上

1　系作者在阿拉伯语版回忆录中的寄语。

这些完美都应该归功于他。我在此向其表示感谢。

顺便说一句,我愿将此书献给那些也在我那个年龄段,在他们身上同样发生过不平凡事情的阿拉伯青年。

**阿里·哈梅内伊**[1]

1 阿里·哈梅内伊,生于1939年4月19日,伊朗领袖,大阿亚图拉,宗教法学权威。根据伊朗宪法第107和第110条规定,哈梅内伊为伊朗最高国家领导人兼武装部队总司令。

# |目 录|

# 第一章

# 往昔的岁月

## 两层简陋的小屋

我出生在呼罗珊省[1]的省会马什哈德[2]，出生地位于第八伊玛目[3]的圣陵附近。我的出生日期是伊斯兰阴历1358年二月二十八日（伊斯兰阳历1318年1月）[4]。

我出生时的那所房子又小又简陋，是一个只有两间的两层小屋。二层的那间屋子由我的父母和他们的幼子们专用，一层的那一间住着我同父异母的姐姐们，她们的母亲在我父母结婚之前去世。之后又过了三十年，也许是更长一些时间，在修缮房屋的时候，把她们住的那间屋子改造成了两个小的房间。

1　伊朗原面积第一大省份，位于伊朗东北部。2004年，该省一分为三，从南至北为南呼罗珊省、拉扎维呼罗珊省和北呼罗珊省。此处现为拉扎维呼罗珊省。

2　拉扎维呼罗珊省的省会，伊朗第二大城市，意为殉难之地，因伊斯兰教什叶派第八伊玛目礼萨在此殉难而得名。

3　伊斯兰教什叶派第八伊玛目礼萨（765—817），礼萨或译为里达。

4　即公元1939年4月19日。伊朗从1925年3月31日起使用伊斯兰阳历，起始年为公元622年。该历法的天数与公历一致，两年之间的交替时间为春分时刻。若春分时刻在正午之前，当日即为1月1日，若在正午之后，则次日为1月1日。每年有12个月，1至6月每月有31天，7至11月每月有30天，12月份有29天，闰年时为30天。

我出生一年之后，我们全家便搬到了我的外祖父，也就是哈希姆·米尔达马迪·纳杰夫阿巴迪的家里。他是一位知名的宗教人士，对《古兰经》注释有很深的造诣。他是在我出生之前被礼萨国王[1]流放的宗教人士之一。他的家虽然宽敞，然而当他从流放地一回来，我们则立即搬回了自己的住处。

后来，我父亲的一些追随者和朋友开始想办法为我们家改善居住条件，他们买下了房子周边的空地，修缮了旧屋，于是我们又有了新家，新旧房屋加在一起面积将近二百平方米。今天，这座房子被命名为侯赛尼耶，已经成为公共设施，是供人们参观和纪念的地方。

家里只有很少很简单的家当，在我父亲去世的那一天，也就是大概房子翻新四十五年以后，我们家被估价为四万多土曼[2]，当然并不包括他的那些书籍。

我是家里的次子，比我大的是哥哥穆罕默德，我还有两个弟弟和几个妹妹。

---

1 也称礼萨汗，伊朗巴列维王朝的第一任国王，1925年12月15日至1941年9月16日在位。

2 巴列维王朝的货币单位，1土曼等于10克朗。克朗为当时的货币单位。

## 巴扎[1]里清真寺的伊玛目[2]

我的祖父是侯赛因·哈梅内伊[3]，他是大不里士[4]清真寺的伊玛目。我的父亲是贾瓦德·哈梅内伊，于伊斯兰阴历1313年[5]出生于纳杰夫[6]，是大不里士知名宗教家庭的孩子。

我想稍微介绍一下我的祖父侯赛因。他在纳杰夫读了二十年的书，是法兹勒·希尔巴扬尼和谢赫[7]哈桑·马马加尼的学生，也就是阿布杜拉·马马加尼父亲的学生。在阴历1315年[8]，即米尔扎·设拉兹[9]去世三周年之后，他回到了大不里士，并在阴历1325年[10]"立宪运动"[11]过后几个月离开了人世。他的遗体告别仪式在大不里士举行，之后，遗体被运往纳杰夫，安葬

1　集贸市场。

2　清真寺里带领穆斯林群众祈祷的宗教人士。

3　哈梅内伊：意思为哈梅内的人。哈梅内是东阿塞拜疆省沙贝斯塔里县的一个小镇，位于省会大不里士西北约72公里处。

4　伊朗西北部省份东阿塞拜疆省的省会。

5　1895年6月24日至1896年6月11日。

6　伊拉克的城市，系伊斯兰教什叶派的圣城，伊玛目阿里的陵墓位于该市。

7　缠白缠头的宗教人士。

8　1897年6月2日至1898年5月21日。

9　米尔扎·设拉兹(1815—1895)，伊朗知名的教法权威，在伊朗"烟草运动"中发布了制裁英国的"法特瓦"。

10　1907年2月14日至1908年2月3日。

11　也称立宪革命，发生在1906年至1911年。

在了瓦迪萨拉姆墓地。他是著名的谢赫穆罕默德·海亚班尼的岳父。也就是说,谢赫穆罕默德·海亚班尼的妻子是我的姑姑。

据我父亲讲,我的祖父天黑以后吃过晚饭,在孩子们还在玩耍的时候,他便开始入睡。在离天亮还有一个时辰[1]时,则会准时起床开始祈祷和学习。他是一位知名的毛拉[2],在纳杰夫的大不里士的毛拉们,都到他那里去学习过。当他回到大不里士时,该市最主要清真寺的伊玛目,即穆智塔希德家族的人,将清真寺伊玛目的位置让给了他。

在纳杰夫,我的叔叔穆罕默德·哈梅内伊以"赛义德[3]穆罕默德·先知"这一亲切的称呼而闻名,人们都知道他能解决老百姓的燃眉之急。他是阿訇[4]呼罗珊尼和阿訇赛义德阿布·哈桑·伊斯法罕尼身边信得过的人。我还记得,当1336年[5]我去纳杰夫时,见到了阿訇呼罗珊尼的小儿子谢赫侯赛因。他认出了我,并对我的叔叔赞不绝口。他笑着对我说道:"我就是你叔叔的四大管家之一。"

1 旧时伊朗将一天分为8个时辰,一个时辰3个小时。
2 有学问的人;宗教学者,阿訇;开私塾的人。
3 指与先知家庭有血缘关系的人,有这种血统关系的男性,被称为赛义德,会在名字前加上它,类似于称号,但并非名字的一部分。
4 伊朗民间对伊斯兰教宗教人士的称呼。
5 1957年3月21日至1958年3月20日。

再回到我父亲的话题上吧。我父亲以文雅博学而闻名，他曾经师从米尔扎·纳恩尼和赛义德阿布哈桑·伊斯法罕尼等大宗教学者，为人低调清廉。在马什哈德，他在巴扎里的清真寺做伊玛目，那里商贩和资本家云集，但是他从来不觊觎别人的财物，也不喜欢那些东西。也就是说，他总是生活在一种清高的境界之中。

他很喜欢独处，可是我并不喜欢他的这种习性。所以，我学到了与之相反的东西。当他走进清真寺时，从不与任何人交谈，总是低着头两眼看着地面，径直地走到祈祷的位置。然后，他会摘下眼镜，按照传统习惯把缠头的末端掖在下颚的下面，接着便带领大家做礼拜。礼拜结束以后，他还会以来时的样子离开那里。

在一些集会的场合，他总是默默地坐着，除非有人问他问题。若非与自己的神学好友在一起，他总是一言不发，从不参与讨论与知识无关的问题。这种独处的结果就是他使自己变得极度寒酸。

由于贫穷，有的时候他不得不卖掉自己非常喜爱的书籍。当他看到我们在翻动他的书籍时会显得很不愉快，在看到我们手上拿着的是他书房里的某一本书时，更是会对我们说道：“这是什么？赶快把它放回去！”尽管他是那么爱书，然而，他又不得不卖掉其中的一部分，以便为我们提供一些必要的生活之需。

为了卖书，他经常站在书房的书架之前，抽出其中的某一本。但是他又实在舍不得卖掉它，于是又把它放回了原处。接着他又抽出第二本、第三本……最终，他还是不得不挑选出一些，然后对我们某一个人说道："把这些书拿给谢赫哈迪吧，卖给他。"

大家都知道，谢赫哈迪什么书都搜罗，买了之后便把它们存放在自己的店铺里，然后等机会卖大价钱。他自己也承认说："大家都知道我在卖高价。因此，也只有万不得已的人才会买我的书。如果他已经万不得已了，我出什么价钱他都会买的！"他的生意经就是这样的。

我还记得我们这些男孩子去我外祖父米尔达马迪家里的那些事。他也跟其他的祖父和父亲一样，总是给我们一个或半个里亚尔[1]的零钱，当然了，这只是一些很少的零钱。可是我母亲还往往不得已地从我们手里抠走那点儿钱，以便用它给我们买点东西当晚餐。我在其他宗教学者的家里很少看到过像我父亲家里那样贫穷。

1 伊朗当时的货币单位。

我的父亲从不向任何人提起自己的清苦和拮据。由于他很清高和非常注重自己的外表，因此，别人都以为他是一个很有能耐的人。夏天的时候，他主要穿一种被称为“哈奇耶”面料的披肩式衣服，那是一种手工面料，材质通常是骆驼毛，也是最贵的面料。其次是穿毛与化纤混纺的面料，万不得已才穿手工纺织的面料。冬天的时候，他只穿纳因[1]面料的衣服，也就是毛拉们所穿的最好的厚毛料。然而，他外套下面所穿的内衣，有的甚至还打着补丁，因为穿在里面，外人也看不见。

我的父亲总是对我关爱有加，当他去外地时，只喜欢带着我。有一次，他的眼睛看不清东西，在德黑兰[2]的眼科医院进行了治疗，一共去了三次。每次前往那里时，除了我之外他不让任何人跟随。1342年[3]，我正在库姆[4]。父亲写信给我，让我回马什哈德陪他去德黑兰治疗眼病。但是我没能及时赶回马什哈德，原因是我得去扎黑丹[5]执行一项宣传任务。我去了扎黑丹，到那里以后便被捕了。我被捕的时候最担心的就是我的父亲，因为没有我的陪伴，他哪里都不想去。

---

1　伊朗亚兹德省的一个城市。

2　伊朗的首都。

3　1963年3月21日至1964年3月20日。

4　伊朗库姆省的省会，伊朗最重要的宗教城市，库姆神学院及什叶派第八个伊玛目礼萨的胞妹马苏梅的陵墓位于该市。

5　伊朗锡斯坦-俾路支斯坦省的省会，位于伊朗东南部，该省与巴基斯坦接壤。

我还记得我被捕以后，他们想把我从扎黑丹押往德黑兰。在飞机上我想起了我的父亲。突然，一种忧虑的压抑感涌向了我的心头，那种奇怪的忧虑笼罩着我的整个身心。我对自己说道："现在是在飞机上，你的状态就已经如此，等到进入拘留所又会是什么样子呢？"我开始默默地祈祷，以便让自己的心情平静下来。我有几分钟的时间什么都没想。然后，我再一次回想起我的父亲，这时我发现自己已经没有了那种焦虑和不安，心中有的只是思念、热心、温暖和关爱，同时还伴有一种甜美的宁静。我现在仍然清晰地记得那种甜美的感觉。感谢真主，他让我的心情平静了下来。我想，只有真正有过那种经历的人才能理解那种感受吧。

## 纳杰夫的口音

我的母亲出生在纳杰夫，她小的时候就会说纳杰夫的阿拉伯语。因此，她在说波斯语的时候也总是带有阿拉伯语的口音。她熟悉《古兰经》，能用优美流畅的语调诵读它。在她晚年的时候，她的声音变得沙哑，我经常帮助她回忆起以前她那些美好的声音:她每天都坚持诵读我外祖父送给她的那本《古兰经》,那种诵读方式吸引了幼小的我们。我们围绕在她的膝下听她诵读,她把一些经文翻译成波斯语,把先知的故事讲述给我们听。因为她极度痴迷先知穆萨的经历,因此常常很详细地给我们讲述他的一生。她的情感是那么丰富,常常令我们听得极其入迷。

她还非常喜欢《哈菲兹[1]全集》,能背诵其中的一些诗句,并用它们进行占卜[2]。她还知道一些圣训,当她说起某些圣训时,经常会遭到我父亲的反驳,我父亲说他从来没听说过那些圣训。然而,我母亲会告诉他那些圣训的出处。她像我父亲一样,一切都顺其自然,从来不向任何人提起自己在生活上的艰难,总是以各种方式去掩饰她内心的痛苦。

我从母亲那里学到了诵读《古兰经》的基本知识和阿拉伯语的拼读规则,是她将勇敢的精神融入了我的内心深处。母亲还因为我的不断被捕以及萨瓦克[3]对我们家的突然袭击而承受了巨大的精神压力,然而,面对他们的侵害,她总是坚贞不屈,勇敢地回答他们的提问并且据理力争。她甚至激励我一定要沿着曲折的

1 哈菲兹(1315—1390),伊朗最著名的浪漫主义诗人,系波斯文坛的“四大支柱”之一。

2 伊朗人习惯用哈菲兹的抒情诗进行占卜。

3 巴列维王朝情报机构的名称,全称为“国家信息安全局”。

道路走下去。在后面,我还会适时地提起这些事情。

## 严苛的私塾先生

我的学习是从上私塾开始的,分这样几个阶段:

在我上小学之前,我上了两家私塾。我四岁时便开始上第一家私塾,它的负责人是一位妇女。我当时觉得自己不适合学习,因此总是喜欢躲在角落里。这也许是因为我的视力

不好吧，以后我还会提到这一点。这一阶段给我留下的唯一印象就是错误的教育和培训方式。私塾里没有任何教学计划，充斥着毫无由头的粗暴和严厉。我还记得，有时她要去参加什么活动，于是她便让一个女邻居拉巴布来临时接替自己，而拉巴布很会用一些无聊的事情来打发我们的时间。比方说她会把我们排成一队，然后把我们带到她那位瘫痪在床的丈夫那里，让我们依次从他的眼前走过，而她的丈夫会用手里的一根木板打我们的手心！当时，我哥哥也在这家私塾里学习。

1323年[1]，当我五六岁的时候，父亲把我们送进了另外一家私塾。这个私塾在一所清真寺里，其实就是清真寺里的一个房间。我还清楚地记得那间教室，那是一个阴暗的屋子，也许这种印象是我的视力不好造成的。老师对我们非常关照，他让我们坐在他的左侧，并且时刻注意着我们。在这所学校里，我和哥哥开始学习《阿姆扎兹》[2]这一功课，它是从学习阿拉伯语字母开始的。在那之后，我们便投入学习《古兰经》第三十卷，从“世人”那一章[3]学起。

这位老师除了对我和哥哥有所关照，对其他的学生却很

---

1　1944年3月21日至1945年3月20日。

2　用于学习《古兰经》第30卷，即从第78章至第114章的书籍。

3　《古兰经》第114章，即最后一章。

不友好。今天,这所学校给我留下的印象就是那个男人的严厉和粗暴,再就是寒冷和阴暗。我总是穿着一双带窟窿的鞋子去学校,冬天的时候泥水会从那些窟窿钻进鞋子里,弄得我满脚都是泥巴。

他的一个奇怪之举是在每周四放学之前把学生排成一排,然后对他们说:"我要在你们的舌头底下盖上印章。在星期五做祷告的人,舌头下的印章就会保留,否则就会消失。"然后,他便拿起一枚印章,蘸上墨汁,盖在每个学生的舌头下面。

星期六[1]的早晨仿佛就是世界末日一样,学生们站成一排,一个个都伸出舌头接受审判,有的人会受到严厉的惩罚。我也站在他们中间,并被吓得不停地哭泣。我不是害怕挨打,因为他尊重我,不会打我。可是,我总是会为这恐怖的一幕而哭泣。

## 光明灿烂的一天

二十年代[2],伴随着礼萨汗于1320年[3]的下台而开始,并以

1 星期五是伊朗的周末,星期六是每周的第一天。
2 此处是按伊斯兰阳历计算。
3 1941年3月21日至1942年3月20日。

1330年[1]摩萨台[2]事件而结束。在这十年当中，特别是在“阿塞拜疆事件”[3]以后，当权者为了与之抗争而放宽了宗教活动的范围。也就是在这个十年里，宗教的第一所新学校“达拉塔利姆”在马什哈德成立，它的负责人是米尔扎·侯赛因·塔达因，他是克尔曼[4]人，但定居在马什哈德。我在总统任上的时候，他还来看过我。

该校由一群虔诚的信士所创办，其中一人是谢赫古拉姆·侯赛因·大布里齐。他是谢赫穆罕默德·海亚班尼在大不里士的同学和课堂上的辩论对手，也是一位成功的传教人士。学校是一所完整的小学，从一年级到六年级都有。

当我六岁的时候，我开始进入这所学校，他们让我上了一年级，让我十岁的哥哥上了四年级。我还记得在上一至三年级时，我总是感觉功课落后很多。然而在四至六年级时，我却成了班里的第一名。这种转变的原因当时我不是很清楚，但是几年以前我发现了真相。我回想起来了，从四年级开始我坐到了教室的第一排，于是看清楚了老师在黑板上所写的东西，也明白了他所讲的是什么。

---

1　1951年3月21日至1952年3月20日之间。

2　摩萨台(1882—1967)，1951年4月至1953年8月任伊朗总理。

3　即1945年11月至1946年12月在伊朗西北部阿塞拜疆地区成立的自治政府事件。

4　伊朗面积最大的省份及该省省会的名称。

在那之前的三年里，我一直坐在离黑板较远的地方，因为视力不好，所以看不清黑板上的字迹，也听不清老师所讲的内容。至今我还记得向我敞开功课大门的那个光明时刻。在那一天，第一节是数学课，我受到了老师的鼓励和表扬。这也是我在担任总统期间，每次在新学年开学典礼的讲话上，请老师们应该关注的教育和培训方法之一。

在这所学校里，我用优美的声音诵读《古兰经》成了人们的美谈。在举行学术会议和欢迎来校重要人物的仪式上，我会诵读《古兰经》。例如，我当着阿亚图拉赛义德阿布卡赛姆·卡尚尼的面诵读过《古兰经》，他于二十年代末（1329年[1]或1330年）来到了马什哈德，当时，学校还专门举行了迎接他的仪式。那时我十二岁。卡尚尼先生和一些宗教学者坐在一起，但我记不清那些学者的面孔了，因为我的视力不好。另外，当阿亚图拉哈吉哈桑·库米到马什哈德为其父亲奔丧时，我也在他的面前诵读过《古兰经》。学校的一些创始人是他父亲的追随者。当库米先生来到学校时，我们排成一队站在那里。然后我和另外一名同学走上前去，背诵《古兰经》和我们所学过的一些宗教知识。我还得到了他亲手颁发的奖励，那

1　1950年3月21日至1951年3月21日。

是一本书，书名是《宗教教义》，作者是赛义德赫萨姆丁·嘎勒阿西里·大布里齐。后来，这位作者被流放到马什哈德时我见过他，当时，他时不时地来探望我的父亲。

## 学习《古兰经》

我幼年时从母亲那里学习了《古兰经》，然后，又在一个很会念经的手艺人家里向他学习了《古兰经》的课程。他在家里定期举办相关的培训。他叫拉马丹·阿里，到麦加朝觐过。我父亲把我和哥哥交给了这位虔诚的人。他很尊重我们，尽管已经五十岁了，但仍然冒着严寒，总是跟在我们后面走出家门。上课时，他让我们分别坐在他的左右两侧。我学习诵读《古兰经》，他给我纠正。

有一天，他对我们说："我现在已经不能再继续教你们了，我无法让你们有更大的进步了。"他建议我们到一位毛拉，也就是他的老师阿巴斯那里继续学习。阿巴斯虽然已经七十岁了，但是仍然在神学院里教书。

于是，我们就去找那个人学习。他的特点是很看重印度版本的《古兰经》,认为印度版本虽然文字不漂亮,但内容很准确。另外,他还很看重问候的礼节,既注重见面时的寒暄,又注重再见时的说辞。而当时伊朗通行的习惯是见面时相互问候,分开时用波斯语说一些与告别无关的话语。

在他那里,我们学习了《古兰经的读法》,是用波斯语写的,作者是赛义德穆罕默德·阿拉伯·扎法兰尼。他是一个阿拉伯人,定居在马什哈德。教我们《古兰经》的老师毛拉阿巴斯也是他的学生。

## 宗教人员的服饰

在伊朗,从事宗教事务的人,无论是学生、老师还是传教的人员,通常都缠着缠头。缠头意味着缠它的那个群体在学习宗教,在宣传宗教,在反对宗教者面前守护宗教。正因为殖民者的代理人和激进的世俗主义者极力反对缠缠头,于是礼萨国王下令摘下缠头,让人们戴上巴列维式的帽子[1]。后来,他的儿子对这一失败的决定做出了让步,但执政当局却策划和

1　形状类似于西方国家礼帽一类的帽子。

制造了一种让缠缠头受到鄙视和嘲笑的氛围。

在我小的时候,即上二年级时我就缠上了缠头。之所以过早地缠上了缠头,是因为在那个年代人们都习惯于在头上戴一顶帽子。很显然,我父亲是不想让我们的脑袋上顶一个巴列维式的帽子。所以,我们除了缠上缠头别无他选。总是母亲为我们缠好缠头。人们通常是把缠头的末端掖在头部的左侧,而她却将其掖在我们头部的右边。

我们从小就遭遇到了因为缠缠头而被嘲笑的情形,听到了无数讥讽的话,以至于我们都习以为常了。没有哪一位缠缠头的人——不论其年纪大小,能够幸免于这种嘲讽和捉弄。所以,我们也就不去想它到底是出于什么原因了,只是当我长大之后再回想起来时才感到了万分的惊讶。

## 赛义德,你怎么也会这样呢?

在那时的伊朗,嘲讽缠头和宗教学者的方式是多种多样的,已经是一种普遍的公众行为,人员涉及社会的各个阶层,甚至连我自己也不例外。

在我们家的附近有一个缠缠头的谢赫,他叫法埃基,在哀悼仪式上吟唱一些挽词,是一个知书达理的人。他的头上缠着一卷很大的缠头,脸上的胡须也较少。他总是骑着一头个头很小但是跑得很快的毛驴。他就住在我们家附近,每天都骑着毛驴经过我们的家门口,然后沿着小巷飞驰而去。

有一天,我和朋友们在一起打排球。在体育项目中,我在这项运动上投入的时间是最多的。打球时我会摘下缠头,但身上还是穿着那身衣服,也就是宗教学生和宗教人士所穿的衣服。我们正在打球时注意到法埃基先生骑着小毛驴飞速地由远而近。大家约好了一起取笑他。当他接近我们的时候,所有的人——包括我自己在内,齐声喊道:“阿谢赫!……阿谢赫!”这个字眼本身并没有贬义,因为它是“谢赫先生”的简称。但是,当大家一起嬉笑着高喊这个称呼时,那就意味着嘲弄了。

当他靠近我们时便调转驴头怒气冲冲地直奔我们而来。大家都逃走了,我还站在原地。他下了毛驴,走到我的跟前。他认识我,也认识我的父亲。他还知道我也是一个缠缠头的人。因此,他用吃惊而不满的微笑表情对我和蔼地说道:“亲爱的赛义德,你怎么也会这样呢?”

## 谣言之战

这种谣言的氛围是精心谋划好了的一个结果,目的是想把宗教人士从社会和人们的日常生活中隔离开来。他们为了这个企图而利用谣言,以便从中获益。

我还记得在百姓中流传着这样一个谣言:一群宗教人士在马什哈德城外举办晚会,他们把白酒倒在茶炊[1]里,把红酒倒在茶壶里,喝得烂醉如泥,在那里乱喊乱叫。

很多百姓都在说:“我们亲眼看到过这种场景!”还有一些人在说:“我们听别人说的,是他亲眼所见。”

这种虚构简直是太明显了。果真如此,他们有什么必要把酒放在那里呢?有什么理由在那个公开的场合,在众目睽睽之下举行晚会呢?这完全是彻头彻尾的谎言。然而,我从很多人那里都听到了这些话,都在说“我们看到了!”或者是“我们是听目击者说的!”。

面对社会上的各种歪曲,宗教人士有义务捍卫伊斯兰教,他们把与任何统治伊斯兰社会的暴君或外国人进行的斗争视为己任。基于这一责任,在当代伊朗史上,他们面对入侵者、

1　一种源自俄罗斯的煮茶器具。

暴君和专制者时一直在采取坚定的反击立场。

在近代,米尔扎·库米针对俄国人的立场就属于这一类。他在国王法塔赫·阿里的儿子阿巴斯·米尔扎与俄国人进行战争时便发表了“法特瓦”[1],也就是著名的《阿巴西耶》“法特瓦”。由于阿巴斯·米尔扎是一个相当诚实和正直的人,因此,他对国家没有任何的企图。还有,在“烟草运动”[2]中宗教教法权威的立场,以及“立宪运动”中宗教人士如已故的穆达莱斯[3]的立场等也是如此。在第一届议会的选举中,穆达莱斯代表伊斯法罕[4]参选,他以绝对优势当选为议员并进入议会,他是五位有权阻止通过“反伊斯兰法案”的宗教人士之一。在第二届议会选举中,他成了德黑兰的候选人,也获得了最多的选票。还有后面的第三届和第四届议会的选举也是如此。在第四届议会时期,政权从恺加王朝[5]转移到了巴列维王朝的手中。穆达莱斯对此表示了反对,对后来礼萨汗·巴列维的行为也表示了反对。在第五届议会选举时他以个人身份参选。但是,当投票结果出来时他竟然连一票都未获得! 他大声地质问:“我自己

1 意为“教法审判”,是伊斯兰教权威的教法学家所发出的指令。

2 伊朗的宗教人士于1891年领导的反对英国烟草公司对伊朗烟草业进行垄断的运动。

3 穆达莱斯(1870—1937),伊朗知名宗教人士,被礼萨国王毒害。

4 伊朗中部地区的一个省份及该省省会的名称。

5 伊朗恺加王朝时期(1779—1921)。

投了自己一票。那么,我自己的那一票哪儿去了?!”

从这些例子中我们可以发现,宗教人士具有强大的社会影响力,他们的立场是基于伊斯兰国家人们所信奉并视为神圣的原则,在信奉这条原则的道路上,他们甚至不惜牺牲自己的性命。这些原则反对外国的压迫和掠夺,反对向外国人献媚和投降。因此,独裁者们密谋孤立社会上的宗教人士,并将他们从包括政治生活在内的各个领域中隔绝开来。为了达到这个目的,独裁者们想尽了一切办法,包括暗杀、监禁和流放等各种手段。

1314年,古哈尔沙德清真寺发生了一场惨案[1],在这场惨案中,许多老百姓被害,许多宗教学者被捕,其中包括以下人员:

赛义德哈希姆·米尔达马迪(我的外祖父);赛义德阿里·阿克巴尔·胡伊(胡伊先生的父亲,大概比我父亲大20岁,是我父亲的朋友);米尔扎·哈比卜拉·马利克(他也是我父亲的朋友,他主持了我父亲和我的婚礼,是阿宏德的学生);赛义德阿卜杜拉;谢赫萨海布扎曼尼·欧鲁米耶伊(麦赫迪·穆哈盖格博士的父亲);谢赫伊斯马伊尔·纳埃布(《神秘主义问题》的作者);哈吉侯赛因·库米先生(他因为前往德黑兰劝说礼萨国王而被捕,并被驱逐到伊朗境外)。

1　1935年7月13日,巴列维政府对马什哈德古哈尔沙德清真寺内反抗群众进行的镇压。有20余人遇难及多人受伤。

与此同时，我父亲在去往清真寺的路上遇到了他的一个朋友，他告诉我父亲在古哈尔沙德清真寺发生了什么，阻止了我父亲前往那里。

是的，在古哈尔沙德清真寺事件中有将近20名宗教学者被捕。在革命之后，我让他们找出档案里那些照片，拿来让我看一看，我看到照片的下面写着“政治犯”，意思是干预政治！

巴列维政权是建立在宗教与社会相分离的基础之上的，萨瓦克的副头目法尔杜斯特在自己的回忆录里把它阐述得非常清楚。

第二章

# 在老师们那里

## 小学及神学院的学习经历

我和哥哥小学毕业以后便开始在神学院学习，因为我父亲不让我们上正规的学校，免得我们脱掉宗教人士的衣服。

每一个宗教学生都是从学习阿拉伯文学来开启自己的学业的，也就是要从学习阿拉伯语的词法、句法、辞达、辞巧和辞华开始。在上小学的时候，我就学习了词法、句法、道德和逻辑方面的课本，一直学完《阿姆扎兹》。我跟父亲学习了语法课本《阿姆萨莱》，但是没有学完，后来又跟随了其他的老师。我还跟父亲学习了米尔写的《米尔词法》。我向另外一个老师学习了诗歌版本的词法《阿瓦迈勒》。当我在忙于学习《阿姆扎兹》的时候，小学阶段也随之结束了。

在苏莱曼汗学校（苏莱曼尼耶学校），我继续学习初级和各个层次的课程，学校的负责人是谢赫侯赛因·巴杰斯坦尼，他是我父亲的朋友。校长是谢赫卡法伊，他是阿訇呼罗珊尼的儿子。巴杰斯坦尼先生指定一个叫阿拉维的人作为我的老师，我向他学习了句法课本《萨玛迪耶》。后来，他改行去学医，成了一名医生。于是，巴杰斯坦尼先生又为我找了另一位老师——马苏迪先生，我向他学习了句法《苏右提》和朗读法《穆格尼》。

1332年[1]，我从苏莱曼尼耶学校转到了纳瓦布学校。正是在这一时期我的潜力和能力得到了发挥，我从内心找到了学习各种功课永不满足的渴望和超强的理解能力。在学习了《穆格尼》之后我又学习了辞达和辞巧的《穆塔瓦勒》。我必须在这里强调一下《穆塔瓦勒》和《穆格尼》这两本书的重要性：第一本对学习口才学很有益，不过学完它需要很长的时间；第二本是学习句法方面无与伦比的著作。

我跟父亲学习了教法和原理等宗教法典，一直学到朝觐那一部分。当时，我父亲正在教我哥哥伊斯兰法学汇编注释《拉马埃》，哥哥学到了朝觐那一部分。之前，在某些课程上我是哥哥的学生，现在我跟他彻底成了同学。我从父亲那里学了四分之三的《拉马埃》，向赛义德艾哈迈德·亚兹迪老师学习了另外的四分之一。

---

1　1953年3月21日至1954年3月20日。

在此之前，我向父亲的朋友赛义德贾利利·侯赛尼学习过宗教基础知识。之后分别向父亲和谢赫哈希姆·加兹温尼学习了教规、宗教初级知识和宗教初级问题等方面的课程。谢赫哈希姆·加兹温尼非常有水平，在教学方法方面，他是我所见过的最好的老师。

我在十七岁的时候，修完了教规、宗教问题及其初级知识等课程。1335年[1]，我参加了法学权威课程的学习。第二年，我前往伊拉克瞻仰，在令人向往的纳杰夫城待了几个月。在那段时间里，我经常出现在当地大学者的课堂上，把他们的讲课内容与自己在马什哈德所学的东西进行了比较。我听过胡伊、哈基姆、布支努尔迪、沙赫鲁迪、米尔扎·巴盖尔·赞詹尼和米尔扎·哈桑·亚兹迪等先生们的课程。

在研读宗教问题的最后阶段，在父亲的鼓励下，我进入米兰尼先生的课堂。他于1333年[2]来到马什哈德。他从《租赁》那本书开始讲授宗教法学，持续了两年。但是我并没有学习那一部分。我开始听他的课时，他在讲授《礼拜》。在两年半的时间里，也就是到1337年[3]的中期，我一直在跟着他学习。

1　1956年3月21日至1957年3月20日。

2　1954年3月21日至1955年3月21日。

3　1958年3月21日至1959年3月21日。

恰好是在那一年我去了库姆。1343年[1],我回到了马什哈德,一直在马什哈德生活到伊斯兰革命的胜利[2]。

我曾跟父亲学习过法学权威的课程,但教授这门课程需要做各种大量的努力和准备,而我父亲又无法进行那种广泛的准备,因此,我跟他的学习并不怎么正式。我那时习惯用阿拉伯语书写功课。我还做过努力,想在陈述和章节的编排方面有所创新。

## 亦父亦师

父亲使我们习惯了不错过任何机会,我们总是在受益于学习功课和讨论功课的情况下度过每一天的时光。他也很会充分利用斋月的假期和夏季的几个月时间。在斋月的前七天里,他每天都给我讲授一些课程,在此后的三天里,他每天都去参加悼念伊玛目侯赛因的活动。

他不接受所谓的"暑假"一说,他经常说:"在纳杰夫,尽管

1 1964年3月21日至1965年3月20日。
2 1979年2月11日。

我们要忍受炎热的恶劣天气,但我们还是坚持学习了。因此,夏天在马什哈德就更不应该停止学习。”

在暑期的几个月里我学习了《穆塔瓦勒》。夏天的时候,谢赫费沙拉基从库姆来到马什哈德待了两个月。以前我经常从远处看见他,因为他曾在马什哈德教授过阿拉伯文学。后来他经常去库姆教授这门课程。

我请求他在马什哈德教我《穆塔瓦勒》,他答应了我,于是我每天都有几个小时到他那里去学习。我用了两个夏天,也就是四个月的时间学完了《穆塔瓦勒》的辞巧和部分辞达与辞华课程。

后来他发现我还在学习经商方面的《马卡赛布》，因而对我在宗教法学方面的进步感到很吃惊。当时，他正在库姆讲授这门课程。

我的父亲一直在监督我们的学习，有时用鼓励的方式，有时用严厉的办法。我总是按照父亲的方式和要求去做好各种事情。每当我针对自己所学的课程提出看法时，父亲都会很高兴并对我这个十四五岁的孩子说道："你很有天赋，很有判断力。"我经常和哥哥进行辩论。辩论结束后父亲就会把我们叫到他的房间，询问我们一些问题并解释我们无法理解的内容。

我还记得我们家有三个房间。父亲有两个房间，相对大一些的房间用于招待客人，另一个房间是他学习、吃饭和休息的地方，如同一个宗教学生的宿舍一样。而我们其他所有的人——母亲和八个兄弟姊妹——拥有一个房间！当母亲招待客人或者举行哀悼仪式时我们不得不躲到外面去。在父亲的专用房间里有一张长八十厘米、宽四十厘米的桌子，冬天的时候，在它的下面还可以放一个取暖的火盆。

父亲总是盘着腿坐在桌前，我和哥哥一起坐在桌子的一侧。鉴于父亲的威严和我们对他的敬畏，我和哥哥总是为了谁能坐得离父亲更远一点而打嘴架。

毫无疑问，父亲的威严虽然有其消极的一面，但也绝不能否认它的积极作用。因为他的严格要求令我们得以自律，没有像某些宗教人士的子孙那样因为无人管教而误入了歧途。它的另一个作用就是让我在五年半的时间里完成了对阿拉伯文学、宗教法学与原理等中级课程的学习。

## 我的兴趣爱好

关于在马什哈德神学院的六年学习生活，我还记得很多事情，现在我只提一件，那就是我对伊朗和世界著名小说与故事的极度着迷。我读过所有或者说大部分的伊朗小说；读过米歇尔·泽瓦柯的所有故事，有十本；也读过大仲马和小仲马的故事。阅读这些故事和小说会对人的思想与写作方式产生明显的影响。

1336年[1]，我去伊拉克旅行了几个月，随身携带了一些我非常感兴趣的书籍。我去了纳杰夫的舒什塔里耶图书馆，碰巧图书馆里有许多我叔叔赛义德穆罕默德捐赠的图书。我在

1　1957年3月21日至1958年3月20日。

那里摘抄了一些书籍。之后我同家人一起经巴士拉返回了伊朗,又从霍拉姆沙赫尔[1]乘火车回到了德黑兰。

在德黑兰,我的那些书籍和几张证件都不见了,我翻箱倒柜地找遍了所有的地方都没能找到它们。我去了火车站的仓库,在那里找了很长时间也毫无结果。我非常失望,很沮丧地回到了马什哈德。

两年以后,我收到了一位出租车司机的来信,他在信中写道:"我在自己的车里看到了一个被人落下的包裹。我打开了它,然而里面没有物主的联系方式,只有一些书和几张身份证件。我看到证件的主人是一个缠缠头的宗教人士。于是我便问了一位德黑兰的宗教人士,他给了我马什哈德清真寺的地址。"就这样那些书又回到了我的身边!

1 伊朗西南部波斯湾沿岸的港口城市,属胡齐斯坦省。

# 第三章

# 底格里斯河的岸边

## 痴迷阿拉伯语

我的母亲是在阿拉伯人的环境中长大的，她的祖辈属于伊斯法罕省纳杰夫阿巴德那个地方的米尔达马迪家族。后来他们从伊斯法罕迁移到了纳杰夫。因此，他们成了那个家族在纳杰夫的一个分支。

我的外祖父是一位大学者，他讲阿拉伯语。由于我母亲是在一个讲阿拉伯语的家庭中长大，因而她熟悉纳杰夫的方言，她也非常熟悉《古兰经》，熟悉圣训和一些阿拉伯语书籍。她还未成年时，就跟着父母从纳杰夫来到了伊朗。

在小学阶段，我借助一本学习阿拉伯语的综合性读本，跟学校的宗教老师学习了阿拉伯语的语法规则。在十一岁或十二岁的时候，我开始认真系统地学习阿拉伯语的有关知识。我的兄弟们也和我一样。然而，我对阿拉伯语却格外喜欢。

当时，伊拉克人以组团的形式到马什哈德参加瞻仰活动，他们聚集在伊玛目礼萨的圣陵之内，诵读一些诗歌和赞美的词句。我经常站在一旁看着他们，有时一站就是几个小时。我总是非常细心地倾听他们的说话内容。

当我听阿拉伯语时会产生一种特殊的感觉，听这种语言时就会从内心的深处受到它的影响。事实上大多数的伊朗人，尤其是宗教人士或多或少地都喜欢阿拉伯语。

在伊斯兰教的历史上，伊朗人与周边的阿拉伯邻居之间一直存在着兄弟般的关系，这种关系的深厚和影响之大是其他任何一个民族都无法与之比肩的。

我们发现某些阿拉伯人在阿拉伯主义的幌子下站在了为野蛮入侵伊朗伊斯兰政权进行辩护的立场，使得这种关系遭受了多么沉重的损失，对两个民族犯下了多么大的罪行！现在，他们既然知道了入侵的实质，那也就应该知道该立场将会导致这种人类独特的情感怎样地消失了。

## 书面语与方言

我在伊拉克旅行期间尽量让自己只说阿拉伯语。但是有时我会遇到书面语与方言之间存在差异这一难题。比方说有一次我母亲让我到附近的杂货店买点儿大米。店主是一位妇女，我用阿拉伯语对她说道："您有鲁兹吗？"大米的书面语是"鲁兹"，而当地却称其为"太么讷"。她吃惊地看着我说道："鲁兹？鲁兹是什么东西？"于是我用手比画着向她解释"鲁兹"的含义。但是她终究还是没能明白我的意思。为了避免纠缠，她对我说道："我这里没有鲁兹！"我回到家里把事情的经过告诉了母亲。她笑着说道："你应该说太么讷，而不是鲁兹。"然后，她便自己去那里买了"太么讷"！

由于我对阿拉伯语感兴趣，在伊拉克旅行时我一直想找一个不说波斯语的地区，而几座圣城的居民通常都会说波斯语。于是我便经常从卡泽明去巴格达，以便让自己只说阿拉伯语。

有一天，我正沿着底格里斯河的岸边散步，路过一家咖啡馆时我走进去坐了下来。我拿起一份报纸，点着了一支烟（在那个时候，多数人都习惯吸烟，包括一些革命者），还要了一杯茶。

咖啡店里的人并不多，只有少量的几个顾客。我看到正在倒茶的一名招待员一脸惊讶地盯着我，并且还对他的朋友嘀嘀咕咕说了些什么。后来我又要了一杯茶水。

当我想付钱离开时，咖啡店里挂着的一张照片引起了我的注意，那张照片证明了店主是一个基督徒。这时我才意识到那名招待员为什么惊讶了，因为他看到一名穆斯林宗教人士坐在了他们的咖啡店里。

还有一次，我在巴格达的大街上四处转悠时迷了路。我问一个过路者："拉什德大街在哪儿？"因为如果我找到了那里就知道该怎样返回卡泽明了。他从我的口音里明白了我是一个伊朗人，于是便用波斯语对我说道："你是想去拉什德大街吗？"

## 翻译阿拉伯语书籍

1338年[1]或1339年[2]，我居住在库姆，为了阅读当代阿拉伯语的书籍，我经常去一位来自胡齐斯坦[3]的学者谢赫穆罕默德·卡拉米先生的家里，一起读纪伯伦·哈利勒·纪伯伦[4]的一些作

1 1959年3月21日至1960年3月20日。

2 1960年3月21日至1961年3月20日。

3 伊朗西南部省份，与伊拉克接壤。

4 纪伯伦（1883—1931），黎巴嫩作家、诗人。

品。那时我还翻译了他的《泪与笑》这本书。

现在我的手头上还有这本书，这是我将阿拉伯语译成波斯语的第一部作品。之后我又翻译了穆罕默德·库特卜、赛义德·库特卜[1]写的东西，大部分是我在牢房里翻译的。

我翻译了穆罕默德·库特卜的《对伊斯兰教的怀疑》一书的大部分。后来，当我得知已经有人翻译过两次，便放弃了对它的翻译。

我还翻译了赛义德·库特卜的《伊斯兰世界的未来》一书。这本书激发我去思考和研究很多东西，我将自己的想法都添加到了书里，这些添加进一步激怒了萨瓦克。我还翻译了赛义德·库特卜写的《伊斯兰教与文明的问题》，并为其写了一个很重要的前言。

我所译的其他作品还有第六版的《〈古兰经〉的绿荫下》注释第一卷。艾哈迈德·阿拉姆翻译了这本书的第一版。但是赛义德·库特卜在该书的第六版中增添了很多新的内容。有一位先生建议我翻译这本书，报酬是2500土曼。在五十年代[2]，我的经济状况还是很糟糕的。于是我就接受了这个建议。我受这本书的影响很大，我倾注自己所有的情感翻译了它。

---

1　赛义德·库特卜(1906—1966)，埃及作家及评论家，在二十世纪六七十年代，他的观点受到伊斯兰国家进行抵抗的群众的广泛关注。

2　指1971年3月21日至1981年3月20日。

另外，为了在正确和传统的伊斯兰框架之内向社会展示伊玛目的理论，我努力翻译了谢赫拉齐·亚辛[1]编著的《伊玛目哈桑的和平》一书。此外，在我的印象里我还翻译了其他一些阿拉伯语书籍。

## 学习阿拉伯文学

我之前说过，我学习过最高层次的阿拉伯文学。我对这门学问很着迷并从中获得了享受，特别是对句法学的《穆格尼》和口才学的《穆塔瓦勒》特别感兴趣。

《穆塔瓦勒》的辞华部分是我最喜欢的课程，它令我感到新生，让我的精神世界充满了希望。我背诵了很多诗歌例句，对辞巧学也是如此。即便是现在，我有时还会自言自语地念叨起它们。例如：

那些绯红的面颊仿佛在上上下下起伏跌宕

那是红色宝石的旗帜悬在祖传的长矛之上

1　拉齐·亚辛(1896—1953)，伊拉克的宗教人士。

或者：

广袤的黑夜里的群星
犹如新生事物的传承

这些都是明喻的杰作之一。另一个修辞上的明喻杰作是诗人的这句话：

尘土飞扬落在我们的头顶和利剑之上
犹如夜晚的星辰坠落到地平线的下方

令人惊讶的是，这样一个美妙而精准的比喻竟然出自一个既不能看见战争，也不能看见尘埃，更不能看到那些利剑的盲人之手！

在辞华学里，另一个非常有趣的例子是阿布·塔玛姆的诗句：

我们骑着长颈骆驼彻夜疲惫奔忙
朋友你这可是带领我们前往东方
他说“不”我们所要奔向的未来之地

不仅有阳光而且还有慷慨和善良

没有哪一位诗人，包括穆特纳比在内，能望其项背。而且穆特纳比也是大量地模仿了阿布·塔玛姆的作品。

我读过阿加尼所写的书，能激励我继续读这本书的一个原因是我能从那些诗歌中得到一种享受。我有几本笔记，里面就有我所摘抄的他的作品。当然，我阅读他的书还有另外的目的，此前我已经说过了。

我还读过历史和文学领域的阿拉伯大百科全书，并且在每一本书封底的空白处都写上了我的见解和评论。

## 阿布齐耶

1342年[1]，我在红色的古堡监狱[2]里遇到了一群犯人，他们都是胡齐斯坦省的阿拉伯族人，以后我在谈到几次被捕的情况时还会详细说明我与那些兄弟之间的关系。现在，我只想谈一谈

1 1963年3月21日至1964年3月20日。

2 恺加王朝时设立的监狱，现位于德黑兰市的北部，伊斯兰革命后已改成蔬菜和水果市场。

通过与他们的交往而提高自己阿拉伯语的那种迫切心情。

因为他们都是伊朗人，所以都懂波斯语。但是，由于我对阿拉伯语特别感兴趣，我便使用阿拉伯语与他们交谈。在他们当中有一个对文学很感兴趣的人，他熟悉诗歌，也背诵了很多诗歌。我从他那里听到了许多诗句并记在了心里。他非常喜欢赛义德·哈布比的诗，还经常进行吟诵。这个人叫巴盖尔·纳扎里，是一个赛义德。他常把这句诗挂在嘴边：

当死亡的漩涡已将我和她包围她才到来
她想与我相聚而这相聚已不再令人忘怀

还有这一句：

我是那么忍耐甚至忍耐也应知道
我的忍耐比痛苦的忍耐还要难熬

狱中的阿拉伯兄弟还朗诵了叫作“阿布齐耶”的民歌，我还记得其中的一首是：

你的前额犹如郁金香或者满月一般明亮

乌黑的明眸啊你的唇间是珍珠还是冰霜
与你相拥度过了夜晚但夜晚是那么奇特
我想一定是岁月的过错而将你赠送与我

在他们当中还有一位文化青年，绰号是纳赛尔·卡比，我用阿拉伯语和他谈论了很多。我教他一些阿拉伯语的语法，因为他虽然是阿拉伯人，但对语法并不是很清楚。他还让我教他突尔克语[1]，我也从他那里学了一些英语。

## 诗人贾瓦赫里[2]

从总体上来说，当代的阿拉伯文学并未能引起我的兴趣。因为从其中的某些作品里，我发现它们与阿拉伯的语言和审美有格格不入的地方，尤其需要指出的是这些作品的风格受欧洲文学的内容及其形式的影响，它既不是阿拉伯文学，也不是欧洲文学，而是一张变了形的面孔，每一个具有健全情怀和纯真审美的人都会远离它。因此，我便去寻找自己所适应、能

1　突尔克语：伊朗的少数民族语言，属阿尔泰语系。
2　穆罕默德·麦赫迪·贾瓦赫里（1899—1997），伊拉克诗人。

够从中获得享受、其语言和风格都是原汁原味的阿拉伯文学作品。

我读过埃及、叙利亚和伊拉克当代著名作家和诗人的作品。比如说，我从伊拉克诗人穆罕默德·麦赫迪·贾瓦赫里的诗句中找回了迷失的自我。因为他在著名的贾瓦赫里家族和纳杰夫宗教与文学的环境下受到了纯正的熏陶，他的语言表述非常地道。关注百姓的疾苦和期望是他作品的突出特点，另外一个特点则是勇于在残暴的统治者面前表达自己的立场。他也因此而多次被捕入狱。

当我的黎巴嫩的文学朋友，已故的穆罕默德·贾瓦德·法兹鲁拉[1]对我讲述了贾瓦赫里的革命性和坚定性之后，我对这位诗人的兴趣便更加浓厚了。黎巴嫩的朋友还告诉我，贾瓦赫里曾为已故的卡希夫·加塔吟读过一首诗，那首诗深深地震撼了卡希夫·加塔，他非常兴奋，甚至情不自禁地高声喊道："啊！你就是当代的穆太奈比！"但贾瓦赫里却随即答道："谢赫呀！穆太奈比是赛弗·道莱的诗人[2]，而我是伊斯兰的利剑的诗人！"他所说的伊斯兰的利剑，指的就是卡希夫·加塔本人。

不瞒你们说，当我读了贾瓦赫里的一些诗歌之后，我流泪了。

1 穆罕默德·贾瓦德·法兹鲁拉(1938—1975)，黎巴嫩宗教人士。

2 赛弗·道莱(915—965)，叙利亚阿勒颇王。

他的《饥饿者的摇篮曲》就是其中的一首：

睡吧，睡吧，昏迷的饥饿者
食神将会是你的守护者
睡吧，若自清醒还未饱食
那就在睡梦中不再饥饿

然而，当我读到这首诗中的一些句子对宗教和宗教学者的责任有所误解时，我也感到很不愉快。他说：

伴随聚礼会上伊玛目的说教
依照他的说法进入美梦之中
他奉劝你将一切快乐与享受
统统都留给那些低贱的生灵
请不要做以上那些无聊之事
用跪拜反抗归顺令自己欢情

我当时就在书的扉页上写下了自己的看法，对诗人的想法远离了伊斯兰革命的使命这一真相而表达了自己的惊讶。但是说真的，诗人的这些言论指的是那些肩负宗教名义而麻醉人民的传教士吗？如果他指的是这些传教士，那么，他应该在自己的言语里明确这一点。

此外，深深地震撼我的还有他的《烈士节》，其中写道：

打倒一小撮腐败者所把持的政府
他们以为政权是依靠鞭子而巩固
如果胸膛能够像地雷一样地爆炸
突然间发泄出胸中所聚集的愤怒
当局会像嚼过的叶子被唾向四处
它的支点会变成一堆瓦砾和废墟

当我读到《啊，黑暗！你笼罩一切吧！》这首诗歌时，我的心中刮起了一场风暴：

黑暗请把所有的地方用自身收拢
乌云请把所有的地方都覆盖占领
啊，愁云快向所有的地方投下暗影
将积压在一起的忧愁都掩埋无形
它的软弱和无能令苍蝇感到高兴
赶快把饥饿的哺乳山羊揽在怀中
……

每当我的内心产生对当代阿拉伯文学的热情时，我便会打开《贾瓦赫里诗集》，独自一人或者与我所了解的对阿拉伯文学感兴趣的人，一起阅读他的诗歌，并且会自然而然地联想起这位诗人颠沛流离的生活。我希望他能回到自己的祖国，亲眼看一看，看看那个漫漫长夜的黑暗，已经如他所愿彻底地收场了。

在1371年[1]，我收到了贾瓦赫里的一本书，书名是《我的回忆录》。尽管我的日程繁忙，但我还是怀着极大的热情读了起来，并在几天之内就读完了它。我在很多页面的空白处做了标注。有时，我发现他会提及某个事件，于是我便到他的诗集里去查找，看一看他在诗歌中是如何对其描述的。

后来，我听说他想携夫人去拜谒伊玛目礼萨的陵墓。于是，我要求手下为他们提供必要的便利。遗憾的是他的妻子在未了这个心愿之前便去世了。

当然，出于对贾瓦赫里及其家人的尊重，我还是下令在伊玛目的陵墓内为她举行了哀悼仪式。之后，我还派我办公室的一位人员去向他表示了慰问，并邀请他前来伊朗。他立即接受邀请来到了伊朗。

1　1992年3月21日至1993年3月20日。

我希望诗人在伊斯兰和伊斯兰革命的庇护下，度过在伊朗的每一天。希望他看一看反对专制和独裁者的人们，现在拥有怎样的尊严，怎样在各个建设领域取得种种胜利。这也是他所怀有的心愿。

我们希望他看一看他所希望的真实、充满活力、生机盎然和具有革命性的伊斯兰，以便使自己的精神得到慰藉，心灵得以安宁，最后愉快地度过漫长的人生之旅。

然而，八十多年以来，诗人已经习惯了一个充满纷争、冲突、敌意、野蛮和喧嚣的生活环境，他那波涛汹涌的心灵怎么可能安宁呢？怎样才能安宁下来呢？

他在伊朗停留了一段时间，跟我还见了面，表达了对我和伊朗伊斯兰共和国的好感。他还送给我一本回忆录，里面有这样的诗句：

我的最亲最爱最为尊贵的主人
领袖兼长者啊，我感谢您的深恩

之后，在伊玛目阿里被宣布为继承人的卡迪尔节，他又给我寄来一首叙事词，有下列内容：

阿里啊，谨向您呈上我们的祝福
我们都在承受您的关爱和庇护
卡迪尔这一天啊，它仅仅属于您
然而朋友您才是他[1]真正的门徒

他还给我寄来了另一首诗，包含以下信息：

伊朗啊，从内心的喜悦之中你迎来了黎明
那么宣布它诞生吧，切莫让它消失得无影

在这首诗中，他是在回应那些指责他沉默的兄弟。他说：

他们说你已经沉默而那沉默是一团烈火
你将高举起自己的火炬点燃百姓的警觉

不过，他终究还是沉默了，因为他看到同伴们早已没有了斗志：

但是当我看到他们早已放下手中的武器
我也只好把自己的武器同样扔进了地狱

1　指伊玛目阿里。

我提起贾瓦赫里这一段，只是想表达我对优秀的当代阿拉伯诗歌的兴趣和热爱。希望这样的诗歌能够尽其所能，如实地表达广大群众对美好生活的向往。

# 第四章

# 第一团烈火

## 先锋战士

我从幼小的时候起，便开始见证伊斯兰觉醒的一个重要时期，它从纳瓦布·萨法维[1]的活动开始，一直持续到伊玛目霍梅尼[2]的运动、伊斯兰革命以及令人欣喜的伊斯兰政权的建立。

纳瓦布·萨法维烈士是照亮我具有广泛革命性和生命力的伊斯兰之路的第一朵火花。他在伊朗社会引发了一场唤醒穆斯林良知的运动，他让人们坚定了自己的决心，产生了对神圣的伊斯兰的热情与向往。他不仅影响了伊朗，而且还影响了阿拉伯世界，点燃了战士们心中的激情和史诗般的火焰。他还劝告一些阿拉伯的统治者不要掉入殖民者的欺诈陷阱。

1　纳瓦布·萨法维(1924—1955)，伊朗著名的宗教人士，被巴列维政府杀害。

2　霍梅尼(1902—1989)，伊朗著名的宗教领袖，伊朗伊斯兰共和国的缔造者。

## 渴望见到纳瓦布

纳瓦布于1332年[1]来到马什哈德，住在一个名叫麦赫迪耶的地方。这个地方类似于一个学校，其创办者是哈吉·阿贝德扎德，他非常重视在阴历八月中旬举办的庆祝活动。办校目的是纪念人们期待再世的伊玛目麦赫迪[2]。纳瓦布没有去谁的家里，而是选择了这个重要的宗教中心。

那时我十四岁，是苏莱曼汗学校的一名宗教学生。尽管我渴望见到纳瓦布，但我不能去麦赫迪耶那里，因为我的父亲不让我去。

有一天，纳瓦布决定来苏莱曼汗学校看望曾经拜访过他的学生。我听到这个消息以后非常高兴。在我们的心目中，纳瓦布就是伊斯兰英勇和抵抗的象征。当拉兹姆奥拉[3]被伊斯兰费达依组织成员哈里勒·塔赫马斯比刺杀，而卡尚尼[4]先生对他的英勇行为表示祝贺之后，我们对此感到了无比的光荣和自豪。我们知道纳瓦布有自己的盟友和组织，这些盟友和组

1 1953年3月21日至1954年3月20日。

2 出生于869年8月或870年7月，伊斯兰教什叶派的第十二个伊玛目，后来隐遁。

3 拉兹姆奥拉(1901—1951)，时任伊朗首相。

4 穆斯塔法·卡尚尼(1875—1962)，伊朗的什叶派宗教人士，政治活动家。

织令政府的强人和刽子手们惊恐万分。

学校里有一个很大的房间,大家管它叫马德拉斯。我们把它打扫干净,摆放好东西,准备迎接这位客人和他的同伴。我们在等待那一时刻的到来。

学校的大门打开了,一些客人走了进来。我用目光在他们中间寻找那个纳瓦布。在我的脑海里,他是一个高大伟岸的男人。然而我所看到的并不是我想象中的那个人。他很瘦小,笑呵呵的,头上缠着黑缠头。无论他看到谁都很热情,并且与其打招呼。如果对方是一个圣裔，即赛义德，他就会说："堂兄弟，你好！"我对自己说道："太神奇了！令国王当局惊慌失措和晕头转向的纳瓦布，竟然就是这样一个人物！"

事实上，自从我第一眼看到这个人，我便发现自己已经彻底被他吸引了，打心眼里喜欢上了他。

与他一起到访的还有伊斯兰费达依组织的成员，他们大多是年轻人，都戴着一种特殊的皮帽。在他们当中，还有三个人是缠缠头的宗教人士。

马德拉斯的里面挤满了人，纳瓦布站在那里发表了讲话。他谈到了自己的目标，鼓励人们在帮助和促进伊斯兰的道路上寻求殉教。他的话荡涤了我的心灵，点燃了我的心绪，使我看到了伊斯兰光荣而伟大的前景。

## 炽热的火焰

两天之后，我又听说纳瓦布想去纳瓦布学校。尽管我无法得到父亲的许可，但是我还是去了那所学校。我看到人们在等待他。为了迎接他，学校对教室和门廊都进行了布置，铺上了地毯。我跟他们站在一起等候了一阵。然而激情的力量已经让我不能再停在那里等下去。于是，我冲出人群去迎接他。我走了出来，沿着通往麦赫迪耶的道路往前走去。我看到纳瓦布朝我们走了过来，一大群人跟在他的身后。

他边走边向四周的人们打着招呼，亲切地与他们交谈。他对路人发表演讲，有时帮助他们增强信心，有时对他们进行劝导。他讲话时身子也跟着在动，而当他想表达某个意思时，甚至全身都在摇晃。

我自己亲眼看到，当纳瓦布在谴责穿奇装异服的行为时，有一个男人受到了很大的影响，他摘下自己的礼帽，把它团成一团塞进了自己的衣兜里！

在学校里，我急急忙忙地挤到了第一排，坐在了纳瓦布正前方的位置。现在我的眼前还能清晰浮现那个场景的所有细节。纳瓦布站在能俯瞰整个门廊和院子的地方，我恰好坐在他脚前的那个位置，并被他的一言一行所吸引。

我记得他奉劝学生要坚持洁身自好，要坚守虔诚。他的一些话语仍然在我耳边回响，他说："人啊！备好行囊，因为路途遥远，非常遥远！重新建好航船吧，因为大海太深，太深！"

实际上，纳瓦布变成了一支燃烧的火炬，时刻照耀和激励我从内心深处去关心伊斯兰和社会事务，去思考伊斯兰的未来。值得一提的是，在阿亚图拉卡尚尼时期以及在纳瓦布到来的前一年，即1331年[1]，一些有觉悟的传教人士来到了马什哈德，我非常渴望获得他们的聚会信息，以便从他们史诗般的演讲中受益。

## 他们竟如此对待先知的子孙！

在纳瓦布那次旅行之后，又过了两年，即1334年[2]，他被杀害了，成了殉教人士。那时我在纳瓦布学校师从哈吉谢赫哈希姆·加兹温尼。随着纳瓦布的被害，阴险恐怖的气氛笼罩了全国，尤其是库姆的神学院。

我们的老师哈希姆·加兹温尼是马什哈德唯一一位冲破恐怖障碍的宗教人士，他在课堂的开场白上发表了悼念纳瓦布的演讲，对杀害纳瓦布的行为提出了强烈的抗议。他用充满激情的声音说道："他们竟如此对待先知的子孙！"

1　1952年3月21日至1953年3月20日。
2　1955年3月22日至1956年3月20日。

我们这些年轻学生也不停地召开一些会议,讲述纳瓦布和他的战友的一些美德,讲述他们的路线和目标,以此来表达我们对杀害这些战士的抗议。

在纳瓦布牺牲后的第二年,我们遇到了一位到马什哈德度暑假的人,他叫阿巴斯·卡莱扎里,属于伊斯兰费达依组织的成员。由于当局缺乏确凿的证据给他定罪,他没有被起诉。我们认识了他并且与他相处得很好。他向我们讲述了纳瓦布的人品、性格和思想观点。于是我就更加热爱纳瓦布了,也更加坚信他的忠诚、忘我和各种目标了。

我们是被思想和情感的纽带联系在一起的年轻人,卡莱扎里差不多比我们大十岁,但我们之间建立了牢固的关系。在接下来的几年里,他每年夏天都到马什哈德来。

## 第一次政治行动

我们的小组在等待时机,以便用实际行动将自己的满腔热情展示出来。在1334年1月[1],机会终于来了。呼罗珊省的

1　1955年3月22日至4月21日。

省长下令，马什哈德的电影院只在阴历一月一日至十二日放假。而在此之前出于对伊玛目侯赛因殉难日和第四十天忌日的敬重，整个一月和二月都是关闭的。

这足以激起我们的反抗行动了。我们聚集在一起写了一份声明谴责这一决定。在声明中我们鼓动学者和百姓履行自己扬善惩恶的职责，并警告他们在罪恶面前保持沉默将要面临的后果。

我们没有印刷设备，所有的声明都是手写的，每写一份都需要花费近两个小时的时间。现在我还留有那个声明，一共四页。这是我第一次在政治舞台上采取的实际行动。

## 制造变局的想法

在1337年[1]我去库姆时，我的脑海里便开始涌动起彻底改变社会的想法。我当时在神学院，因此神学院的创新工作吸引了我大部分的注意力。在1370年[2]，我在库姆谈论了神学院

1 1958年3月21日至1959年3月21日。
2 1991年3月21日至1992年3月20日。

的创新计划，这个问题的根源就可以追溯到那个时候。

昨天，恰巧有一位宗教人士来看我，他以前曾是布鲁杰迪[1]先生身边的人。这让我想起了我初到库姆时与他之间所进行的争论。当时我在一个朋友的家中遇到了他，我的哥哥穆罕默德和房东也在场。

我当着他的面对神学院的体制提出了强烈的批评。那个时候，神学院由布鲁杰迪先生领导。我们的争论越来越激烈，他不停地辩护，而我则不断地提出批评。他走了以后，房东因为害怕我的大胆想法可能会传到布鲁杰迪先生那里而对我表示了不满。

## 对抗路线与思想启迪路线

在这里，我必须说明一下伊朗伊斯兰运动的一个重要特点。这一特点就是在这场运动中，存在着两条路线。这两条路线之间的相互作用，是这个国家朝着伊斯兰方向前进过程中的构建

1 布鲁杰迪(1875—1961)，伊朗什叶派知名的教法学家，曾有七年时间担任库姆神学院的负责人。

者:一条是源于宗教信仰的反对统治机构的对抗路线,另一条是思想觉醒和为了生存用新的口号提出伊斯兰计划的新思维路线。换句话说,就是宗教思想的重新构建。这两条路线之间的相互作用,推动着这个国家朝着伊斯兰的方向发展和前进。

一方面,一些人选择了与统治机构进行对抗的路线,但是他们不具有进步的伊斯兰思想,并且顽固守旧,思想僵化。他们是出于对伊斯兰的狂热而起来与亵渎穆斯林圣地的统治力量进行抗争。另一方面,也有一些人走觉醒路线,他们对伊斯兰教有清晰的思想认识,在努力用时代的语言向社会展示宗教。他们还与偏激的思想做斗争,但是他们并不走与统治力量相对抗的路线。

1342年[1],在伊玛目霍梅尼运动之初,虽然伊玛目本人是思想觉醒的先驱者,但运动中的对抗因素却十分突出。起初,这场运动的重点是打击反宗教的统治机构。当宗教的反抗精神在社会上变得强大和更加巩固、运动能够以理想的方式呈现伊斯兰的思想理论时,顽固分子们便落伍了。然而,那些具有宗教洞察力并且从开放和开明的思想中受益的人都参与了运动。

---

1 1963年3月21日至1964年3月20日。

后来，尤其在1345年[1]和1346年[2]，对革命者来说是最艰难的时期，国王镇压了所有的政治抵抗组织，把它们赶出了舞台。很多伊斯兰运动的人物都选择了第二条路线——宗教启蒙的思想路线。

也有一些人，从其战斗生涯开始到结束都一直坚守在抵抗的战场。并且在上述那些年里，他们还忙于思想的启蒙运动。莫塔哈里、贝赫什提和巴胡纳尔就属于这一群体。

在这里，为了让历史将其记载下来，我必须强调，我是在运动中每时都将两条路线结合起来并以这个特征而闻名的少数人之一。在我一生的奋斗当中，我一直在坚持抵抗和启蒙两条路线，我确信自己已将两者完美地结合在了一起。

我的最终努力是按照全能真主的意愿，将宗教作为一种实际的行动方式，一种生活的计划，并在实现完美理想的过程中不断地理解它和呈现它。我的所有思想和行动，我的讲话和讲课的所有目的都集中在这一条路线上。

这种对伊斯兰教有意识的清晰理解，促使我寻找阿拉伯伊斯兰主义者的书籍，我还会适时阐述这个话题。此外，我还从事了所有能动员群众反对统治力量和建立伊斯兰政权的活动。

1　1966年3月21日至1967年3月20日。
2　1967年3月21日至1968年3月20日。

在我们的兄弟当中也有一些人坚持了这两条路线。哈希米·拉夫桑贾尼[1]先生就是其中最杰出的人物之一。伊斯兰革命胜利以后,有一次我对他说:"在过去的十五年,我的生活没有哪一天不是在反抗当局中度过的。在这期间我没有睡过一夜安稳的觉。因为要么是在监狱中,要么是在流放中,或者是在等待进监狱和被流放中度过了每一个夜晚。"哈希米说:"我也是如此。"

当然,坚持思想路线的兄弟们一直在支持和帮助我们。莫塔哈里烈士比我大十八岁,也就是说比我大一代。尽管如此,我们之间还是建立了一种特殊的友谊。他一直努力维护我的社会地位,总是在他的演讲和聚会中提起我。

沙里亚提博士也是在抵抗的战场开始了他的伊斯兰生涯,然后转向了思想启蒙。我对他的思想有一些评论,在后面我还会提到。我的兄弟们有些人投入到了政治斗争中,有些人则没有。但是正如我所说的那样,我们一起合作并共同努力了。

伊斯兰活动要求凝聚各种具有不同能力和不同爱好的有生力量。在这一方面,人与人之间是有区别的。正如圣训里所讲的那样,如果人们知道真主是如何进行创造的,就不会有

1 哈希米·拉夫桑贾尼(1934—2017),伊朗著名的宗教人士和领导人,曾任议长、总统、确定国家利益委员会主席。

谁责怪他人了。这并不违背自由行动的原则，与之相反，它是在强调人类在本质上存在着差异。

按照我的观点，如果将伊斯兰的思想觉醒活动与运动和抵抗相剥离，它就会变得枯燥和没有灵魂。而宗教斗争的精神，如果缺失了觉悟和思想，就会变得反动和僵化。抵抗运动与伊斯兰觉醒和思想发展的相结合，构成了伊斯兰革命的路线。

# 第五章

# 革命的火焰

## 哈吉鲁霍拉[1]先生

当我在马什哈德时就听说了伊玛目霍梅尼的名字，他当时被誉为哈吉鲁霍拉先生。在宗教学生中间，他以上课认真而出名。在库姆神学院里，每一个在学业上认真和勤奋的学生都渴望听他的课程。

1337年[2]我去库姆以后，我在他的课堂上聆听了宗教法学基本原理。我在库姆的六年当中一直在学习这门课程。我还学习了他的宗教法学课程，但并不是每年都在学习。因为我还选修了哈吉穆尔塔扎·郝埃里的课程，这并非我更喜欢他的课，只是因为他的课堂上学生比较少而已。在他的课堂上学生数量很少，虽然从学识和为人方面他很有名气，但他的教学方法并不吸引人。我班里那点少量的同学最后也都选择了放弃，只剩下我一个人在跟他上课。在宗教权威课程阶段，除了

1　鲁霍拉：即神灵。

2　1958年3月21日至1959年3月21日。

我这门课程,还没有其他哪门课程仅仅只有一名学生在上课。

在1341年[1]伊玛目霍梅尼行动之前,在他身上还看不到一点革命者的迹象。他是一位严肃的老师,衣着得体,而且特别干净。他总是低着头目不斜视地走进教室,然后便开始认真讲课。他会全神贯注地仔细听取学生的提问和讨论,并对其进行必要的回答。然而,他一点也不注重与学生建立关系,上完课便离开教室。但是,就在这种情况下,不仅他自己的学生,其他学生也都对其抱有好感。

现在回想起那些日子,我对这位伟人在宣布其运动之前所保持的那种沉默仍然感到非常吃惊。从运动开始之后他所发布的声明来看,他就像一座沉寂的火山突然喷发。我一直在说:伊玛目的沉默苦行是最大的苦行之一,他是完美信士的典范。

霍梅尼是我父亲的朋友。每当我打算回马什哈德时,我都会去跟他道别,他也会让我替他向我父亲问好。当我从马什哈德返回以后我还会前往他那里,他仍然会问起我父亲的情况。为了询问一些问题,我经常去拜访和打扰他。

当伊玛目运动开始时,我已经充分做好了加入他麾下的

1　1962年3月21日至1963年3月20日。

准备，因为我在这场运动中找到了我想要的一切。我记得在伊玛目运动一周年之际，我在经过库姆的一条小巷时，看到他的第二份声明已经贴在一所霍贾提耶学校的大门上。

在这份声明中，伊玛目用充满伊斯兰力量和穆斯林学者尊严的语气及言辞直接对话阿萨杜拉·阿拉姆[1]。我如饥似渴、全神贯注地拜读了那份声明，我真想跪下去膜拜，因为它表达了我所有的感受和期望。我明白了伊玛目将永远坚持真理。

事实上，在布鲁杰迪归真之后，库姆神学院仿佛成了一个孤儿。正是在这样的条件下，伊玛目像一座坚忍挺拔的高山屹立在那里，以最勇敢、最有力和最气势磅礴的姿态与独裁势力进行了对话。很显然，伊玛目的这一立场影响了所有追求理想、期待伊斯兰和穆斯林尊严的人。

随着运动的高涨和我的积极参与，我去他家里的次数也增多了。

---

1　阿萨杜拉·阿拉姆(1919—1978)，曾任巴列维王朝的首相。

## 革命是如何开始的?

伊玛目的行动始于1341年[1]秋。他采取行动谴责政府通过的有关将“对《古兰经》宣誓”改为“对天启宗教的经典宣誓”的法令,以及旨在削弱伊斯兰教在伊朗的崇高地位和攻击宗教学者的其他类似法令。

两个月之后,面对国内出现的反对之声,政府在法案问题上做出了让步,但是策划了另一个图谋。在让步之后一个月,国王提出了冠以“白色革命”[2]的涉及各个方面的六项草案,实际上它是美国的计划。伊玛目对国王的这些草案也进行了谴责。于是国王为之宣布了公投,伊玛目也谴责了这次公投。

当这种对抗愈演愈烈时,国王决定对伊玛目和所有宗教人士采取更加强硬的手段。他前往宗教学者的大本营库姆,到他们的家中进行走访。他还站在市中心的一个广场上,站在马苏梅[3]的圣陵前,发表了话语粗暴、傲慢无理的演说,他在心烦意乱和精神恍惚的情况下,对宗教人士进行了攻击。他以这种方式开始了一个危险的行动。

1 1962年3月21日至1963年3月20日。

2 巴列维国王于1963年实施的以土地改革为主的改革。

3 马苏梅(790—816),什叶派第八个伊玛目礼萨的胞妹,在库姆被害。

但是,伊玛目并没有放弃抗争。他每天或每隔一天都会发布言辞激烈和铿锵有力的声明。全民公投就是在这种气氛下进行的。

执政当局宣布有六百万人参加了公投。公投于1341年11月6日(阴历1382年八月二十九日)[1]举行。那一天,我和哥哥穆罕默德及另外一个人成了米拉尼先生派往伊玛目那里的代表。我们从马什哈德抵达德黑兰时,我亲眼看到即使在拥挤的市中心,投票站也没有几个人,除了个别人员之外那里并没有什么人。

公投之后伊玛目的立场更加强硬了。公投的结果导致了更大的争论。在这场危机争论中,伊玛目与部分教法权威之间的分歧开始初见端倪。

## 今年我们没有诺鲁孜节

新的一年快到了,按照习俗,在新年伊始伊朗人应该用欢乐、喜庆、新衣、互相拜访等去迎接春天。但是伊玛目提前宣

1　1963年1月26日。

布:“我们正在哀悼,今年我们没有诺鲁孜节。”

宣布这一消息的原因是在德黑兰发生了袭击和平游行队伍事件。有一部分虔诚的信士,如教法权威阿亚图拉赛义德艾哈迈德·汗萨里[1]也参加了那次游行。一个教法权威参加一个群众的游行活动本身就是一个令人惊讶的事情。而更加令人惊讶的是国王的刽子手们居然对教法权威参加的游行进行了袭击。他们殴打示威的群众,甚至汗萨里先生本人也受到了伤害。

伊玛目宣布哀悼以后,所有年轻的宗教学生都穿上了在哀悼仪式上才穿的黑衣服。有些人只穿一件黑衬衣,有些人则穿得更多。我记得我找到一个裁缝铺,让他们给我做了一件黑衬衣。

1月1日[2]恰好是阴历十月二十四日,次日则是伊玛目贾法尔·本·穆罕默德·萨迪克[3]殉难的纪念日。在这一天,库姆的教法权威们通常会举办祈祷会。伊玛目的祈祷会安排在他自己家里,沙里亚特马达里先生的祈祷会安排在霍贾提耶学校。两个祈祷会都在上午举行,而古勒帕伊甘尼先生的祈祷会是在下午,在法齐耶学校[4]举行。

1 汗萨里(1891—1984),著名的教法权威。
2 1963年3月21日。
3 什叶派的第六个伊玛目。
4 库姆的宗教学校。

国王当局为了报复库姆的宗教人士，在这种特殊的日子里制订了自己的计划。国王特别卫队的一部分成员来到了库姆，他们的计划是在伊玛目萨迪克的哀悼仪式上制造混乱，然后炫耀他们的暴力，杀害神学院的学生。

他们还想在伊玛目的祈祷会上制造麻烦，但是祈祷会是在他家里举行的，而他家又处在弯弯曲曲的狭窄巷子里。因此，他们的计划没有得逞。当然还有一个原因，有一名宗教人士站了出来，他不但大声揭穿了他们的图谋，而且还对他们发出了警告，让阴谋者失去了机会。

他们还想在沙里亚特马达里先生的祈祷会上制造同样的混乱，然而沙里亚特马达里先生的追随者，一位以拥护沙里亚特马达里而著称的“青年教派”成员察觉到了这一情况。他挺身而出向在场的人们宣布：“谁想在这个集会上制造麻烦，我们就把他拦腰折断！”当然，他们在法齐耶学校还是得逞了。

法齐耶学校的祈祷会变成了一场巨大的灾难，让国王当局的额头上永远留下了可耻的污点。刽子手们对学生进行了袭击和殴打，杀害了一些学生，将部分学生从屋顶扔到了学校的院子里。他们还把学生有限的几件小物品从宿舍里扔了出去，并点燃了它们。他们还有什么坏事没干呢！如果细说起来话就太长了。

## 伊玛目的禁月计划

法齐耶事件后，伊玛目又掀起了新的群情激奋的浪潮。为了谴责国王当局在法齐耶学校的罪行，以及让人民了解当局镇压宗教学者的图谋，伊玛目的追随者们加大了努力。随后，伊玛目便制订了禁月计划。

在这个月里，神学院通过举办大型纪念伊玛目侯赛因的哀悼仪式，利用清真寺的宣讲坛，对群众进行劝诫和指导并积极与所有的城乡百姓建立了联系。

伊玛目的计划是这样的，宗教人士从禁月的第七天开始在清真寺的讲坛上揭露当局的所作所为，在第九天的群众性哀悼活动中继续做这件事。该计划通知给了各宗教学者和教法权威。我也是去通知的人员之一。

伊玛目把我派到了马什哈德，让我通知米兰尼和库米先生，请他们知悉他的决定。后来在禁月开始之前，我去了比尔詹德[1]，以便根据伊玛目的计划在那里揭露国王当局的行为。那里所发生的事情，我在后面谈到第一次被捕入狱的情况时会讲到它。

伊玛目唤起人们觉悟的计划成功了，哀悼活动演变成了反抗压迫者的熊熊烈火。这些压迫者包括国王和他的支持者们。

在这种充满愤怒、对反动统治力量不满和洋溢着伊斯兰及革命觉悟的氛围中，伊玛目宣布将在阿舒拉日（禁月的第十天）登台演讲。人们的心都牵挂着库姆，想知道他会说些什么。到了那一天，伊玛目发表了历史性的激动人心的讲话。

1 伊朗南呼罗珊省的省会，位于伊朗东部，是伊朗第一个成立自来水公司的城市。

谁都没有想到,伊玛目会用那么透彻和尖锐的语气发表讲话。他打破了所有的内外界限,冲破了所有的障碍。比如他说:

"……以色列借助臭名昭著的雇佣军之手镇压了法齐耶学校。这是以色列在摧毁我们国家和我们的人民,它想主宰我们的经济,想摧毁我们的农业和贸易……喂,国王!我劝你不要再做这种事了,……我不希望会有那一天,你被迫离开伊朗,而人民为此而感谢真主!

"……不要玩弄民族的命运,……不要站在宗教人士的对立面,……我奉劝你,……你已经过了四十五岁了,听从劝嘱吧,想一想你的行为的结局和后果吧,吸取你之前那些人的教训吧,吸取你父亲的教训吧,听一听宗教人士的建议和呼声吧……

"难道宗教人士是反动的吗?难道伊斯兰是反动的吗?难道这个反动是黑色的吗?难道是你搞的'白色革命'?哪一个'白色革命'?你为什么要撒谎?你为什么要欺骗群众?我向真主发誓,以色列不会给你任何好处,只有《古兰经》才对你有用。今天,我得知萨瓦克逮捕了一些宗教人士,并让他们保证不要反对国王和以色列,不要说宗教处于危险之中!……国王和以色列之间有什么关系?难道在萨瓦克看来,国王是犹太人吗?……"

在阴历1383年伊玛目侯赛因殉难日的下午，恰好是1342年3月13日[1]，伊玛目被秘密逮捕并被带到了德黑兰。消息一出，便发生了3月15日的起义，于是又出现了著名的恐怖屠杀。最初，伊玛目的拘留地点是德黑兰的军官俱乐部，他在那里度过了几天的时间。

然后，他们将伊玛目关在狭小的牢房里。房间是那么小，以致伊玛目在里边都无法站着做祈祷。伊玛目在那里停留了两个晚上，后来被转移到另一所监狱，在那里停留了两个月。然后他们又突然释放了他，不过他也仅仅自由了一天半的时间。在这一天半里，他住在德黑兰的某一栋房子里。

当人们得知他已获释，知道了他的住处之后，便纷纷赶往他那里。由于那一片的大街小巷都挤满了人，当局感到了危险，因此，伊玛目又被转移到德黑兰北部盖塔里耶区的一个强制所，伊玛目在那里又待了大约八个月。他于1343年[2]初获释并返回了库姆。从被释放到当年的8月[3]，他是自由的，之后则被流放到了土耳其。

1　1963年6月3日。

2　1964年3月21日至1965年3月20日。

3　1964年10月23日至1964年11月21日。

我的第一次入狱与伊玛目的被捕和3月15日的起义是同一时期，而我的第二次入狱恰逢伊玛目在盖塔里耶的时候。我出狱之后，到那里去看望了他，在后面我还会提起此事。当我们在马什哈德郊区的避暑村庄阿赫拉马德村跟一群诗友在一起时，伊玛目获得一天半自由的消息也传到了那里。

# 第六章

# 日影

## 运动初期的日子

伊玛目进行反抗以后,库姆接连不断地出现各种活动,形势越来越高涨,但是这些活动都不是有组织的活动。所有的伊斯兰主义者都在按照自己的喜好行事。没有人,甚至包括伊玛目霍梅尼在内,都没有考虑过去组织他们。

我现在还记得那些进行各种活动的宗教学生的名字。一个小组正在忙着分发伊玛目的传单;另一个小组正在用特殊的机器复印传单;还有一个小组在联系伊玛目霍梅尼,在各种事务上给他当参谋,并提出自己的看法和建议。有些人在协助伊玛目了解政治、社会和军事事件,有些人承担了伊玛目和宗教学者之间的联系工作。还有一些找不到工作的人待在伊玛目家里躲清闲。因此,伊玛目的家里挤满了宗教学生,即使他不在家的时候也是如此。

宗教学生在讨论各种科学和政治问题,有时伊玛目的儿子穆斯塔法·霍梅尼也加入他们的行列。有些人虽然不是宗教学生,但也会在做礼拜的时候来到伊玛目的家里,跟着他一起做礼拜,并参加在他家里举行的纪念伊玛目侯赛因的集体活动。

在其他参与了伊玛目运动的教法权威,例如,古勒帕伊甘尼、马拉阿什·纳杰菲和沙里亚特马达里等先生的家里也是如此。当然,这个战场上最主要和最突出的人物还是伊玛目霍梅尼。并且他只凭借自己的能力,不依靠他人的帮助。实际上其他人都在依赖伊玛目。

当时,我负责了很多事情,担任了很多任务,包括:

增印伊玛目声明。在赛义德贾法尔·沙比利家里,与一些朋友增印声明,然后将其交给另一组朋友去分发。

增印已公开的一些政治人物的声明。每份适合发表的声明到了我们手里以后,我们就进行增印和分发。

我还起草带有团体性签名的传单。例如"部分宗教人士"或"部分宗教学生"的声明。因为这些声明的署名并不明确,所以措辞都很强硬。

针对各种问题向伊玛目提出建议。在这一方面有一件事我现在还记得清清楚楚。我、我的哥哥穆罕默德、阿里·海达里(伊斯兰共和党的烈士之一)和谢赫侯赛因·易卜拉希米·迪纳尼(一位博士,现为哲学教授)一起去了伊玛目的家里,我们建议他发表一份适合于朝觐季节散发的声明。我记得伊玛目对我们的建议非常认可,他对我们说道:“我早已经准备好了。”

有的时候,我还扮演伊玛目和其他宗教学者之间联络员的角色。比方说有一次,伊玛目派我去马什哈德米兰尼和库米先生的家里,向他们传达他的三个重要口信。有的口信是给所有宗教学者的统一口信,有的则是给他们二人的特殊口信。统一口信的内容是,以色列已经控制了伊朗的事务和命运,并正在妄图消灭伊朗的宗教及其学者。给他们二人的特殊口信是,所有的传教人员都应该从伊斯兰历阴历一月初七开始,揭露国王当局及其在法齐耶学校犯下的罪行,悼念委员会也应该从阴历一月初九开始进行揭露活动。

我与穆斯塔法·霍梅尼有着深厚的友谊,他也知道我们在伊玛目眼里的地位以及我们在伊斯兰运动中所起的作用。我跟他的这种关系,极大地方便了我们在运动中的活动。

我还记得哈希米·拉夫桑贾尼先生是新闻采集员。伊玛目给了他两百土曼,他用这笔钱买了一台大收音机,用来收听新闻并将消息报送给伊玛目。这台收音机今天可能还在。

## 各种组织的职责

我和一些朋友在组织活动方面都表现得非常出色，在库姆的组织工作是有趣的，也是首倡的。我们在库姆的宗教学者内部建立了第一个组织，并制定了内部的章程。我和我哥哥穆罕默德一起参与了这些章程的起草。我哥哥特别擅长制定章程这一类的事情。

在运动的过程中，从最初到我离开库姆（大约一年半的时间），我们创建了一些组织，有的是同时创建的，有的是陆续创建的：

1. 库姆宗教学者团体。这个团体包括大量的宗教学者，也正是这个团体后来将自己称为“教师协会”。这个协会的大多数成员不知道我在创建这个组织时所起的作用，当阿米尼先生告诉他们这件事的真相时，很多人都感到惊讶。

2. 另一个组织是“十一人小组”。这十一个人是：我，哈希米·拉夫桑贾尼先生，我的哥哥赛义德穆罕默德，迈斯巴赫·亚兹迪先生（小组的秘书），阿米尼先生，迈什金尼先生，蒙塔泽里先生，古都希先生，奥扎里·库米先生，哈埃里·德黑兰尼先生和拉巴尼·设拉兹先生。

迈斯巴赫·亚兹迪先生用自己发明的密码将会议内容记在一个笔记本上，那些密码很像一些古怪学科的条码。为了使工作做得更隐蔽一些，他在本子的开头写道：“我找到了关于古怪学科的一本书，于是我把它抄了下来。”也许那些记录还在。

3.还有另一个小组。除了前面那些成员，还包括拉巴尼·阿姆拉什先生和阿里·阿斯嘎尔·穆尔瓦里德。该小组的任务是决定宣传事宜。例如，为宗教学生前往各个城市登台演讲设计一些方案。在3月15日起义之后的第一个斋月，为了揭

露国王当局在库姆犯下的罪行，根据这个方案，我决定前往扎黑丹。在那里，我第二次被捕入狱。

## 独裁者的监狱

在年轻的时候，我从伊玛目霍梅尼运动之初就响应了他的号召，走上了反抗暴虐统治的道路。我知道这是一条充满泪水和鲜血的征程。因此，我从心理上对所要面临的各种艰苦磨难都做好了精神准备。当我第一次在比尔詹德遭遇被捕时，这种心理准备对我来说就已经变得很清晰了。也正是有了这种准备，面对监狱、拘捕、恐吓和威胁，以及各种心理战和肉体折磨时，我才能依靠真主的恩惠而继续我的事业。

从1341年[1]伊斯兰运动开始到伊斯兰革命的胜利，我被逮捕监禁了六次。另外，还有一次是被捕后马上被流放，再就是无数次被叫到萨瓦克的总部接受他们的审讯和调查。

首先，我必须说明的是现行的制度和法律，是基于人类的智慧和利益，并非没有意识到监狱这个问题。在伊斯兰教的

1 1962年3月21日至1963年3月20日。

法律中监狱有其自身的规则。在伊朗伊斯兰共和国也还保留了监狱。我不想否认现存的一些缺陷，但是我们会尽量做好改造囚犯、培训囚犯和教育囚犯的工作，让他们走出监狱之后还能够过上有尊严的生活。

但在国王的监狱里可不是这样，因为那些监狱要么是为了报复，要么是为了关押一个人，不让他做任何事。这些事实，我在独裁者的监狱中遭受各种磨难的时候是深有感触的。

顺便说一句，在讲述对监狱和看守所的回忆之前，不妨再提一点其他的事情。

首先是宗教人士看守所的事。最初的时候，他们要求的并不那么严格，也就是说宗教人士不会在看守所里待得太久，也不会受到肉体上的折磨。我总结了国王监狱的所有特点，随着伊斯兰运动的不断兴起，对宗教人士的拷打和折磨手段变得越来越残酷，关押的时间也变得越来越长。

其次，从我第一次入狱开始到我从流放地获得自由，在这十六年里，宗教人士一直被广泛逮捕。在这一时期被捕的宗教人士——按比例来说——比任何学界和商界政治犯的人数都要多。有的时候其数量甚至超过了所有其他政治犯的总和。

另外，在上述时间段内，我在监狱里度过的时间总共是两年多一点。可是这一时间必须要成倍地计算。因为在大多数的情况下,我都是被关押在监狱小号里,而不是普通的牢房。小号与普通的牢房相比,就好像监狱跟外面的世界相比一样。在小号里,人们是度日如年,计算着天数,希望早点被转移到普通的牢房,那就像从监狱走向自由一样。

然而,我从来没有见过普通的牢房。根据我从朋友那里听到的关于普通牢房的情况,他们在那里有机会互相学习,互相交流,做一些体育运动,而我基本上被剥夺了这样的机会。我当时非常渴望能被转到那里!

说完这些前奏,现在,我就讲一讲对第一所监狱的印象吧。

第七章

# 史诗般的泪水

## 揭露当局的罪行

在1342年3月[1],也就是伊斯兰阴历的1383年一月,当德黑兰和其他一些城市发生大屠杀而数百人被害时,我正在比尔詹德。我当时去那个城市的目的是揭露统治当局的罪行,特别是它对库姆法齐耶学校宗教学者和宗教学生的亵渎,还有就是揭露它灭亡伊朗穆斯林群众的伊斯兰特性这一图谋。

## 阿拉姆的堡垒

我之所以选择了比尔詹德,因为它是埃米尔·阿萨杜拉·阿拉姆的堡垒。他表面上担任着朝廷大臣的职位,而实际上他的地位比那要高得多,他是国内最有权势的头目之一,在

1　1963年5月22日至6月21日。

《法尔杜斯特回忆录》的第二卷中阐述了阿拉姆在伊朗的地位。

阿拉姆家族因为对英国热心服务而攫取了这么重要的地位，他们在英国人在呼罗珊地区贩卖鸦片的过程中起到了帮凶作用。因此，这个家族在受雇和服务于外国人方面有着很长久的历史。

我在这次旅行之前去过比尔詹德两次，并且看到了这个人在那个地区的影响力和统治力。各个宗教仪式和活动都要赞颂“阿拉姆”，所有的宗教学者都得参加那些仪式和活动，谁要是不参加那还了得！有一年阴历的一月我恰好在比尔詹德，我听到演讲者在开始演讲时用阿拉伯语说一些赞颂阿拉姆的话！我甚至还记得演讲者用拉长的腔调说的那些词句：“埃米尔·阿萨杜拉·阿拉姆！你是剑与笔的主人！……”

比尔詹德的贵族和有头有脑的人物，直接或间接地都在为阿拉姆服务或者是他的仆从，甚至像基什岛[1]前负责人这样的知名人物也是阿拉姆的仆人。当国王想彻底消遣一段时间时就会去比尔詹德，居住在阿拉姆的一个花园里。这些特殊的花园均以其出色的葡萄酒和手艺高超的大厨而闻名。

1 波斯湾中的小岛，系伊朗的自由经济区和热门旅游地。

## 带有政治色彩的哭泣

我在比尔詹德有一些朋友，他们是我前两次去那里旅行时结识的。我是在阴历一月初三抵达比尔詹德的。当然对于想去某个地区上讲坛的人来说一月初三已经晚了，演讲者应该在前一月底之前到达那里才是，以便当地为其做好安排。虽然我去得晚了，但是我的那些朋友还是在几座清真寺里为我做好了准备。

阴历一月初七[1]到了，这正是伊玛目霍梅尼揭露国王当局罪行的日子。这一天恰逢星期五，我对工作进行了筹划，受邀参加穆萨拉清真寺的大型集会。但是直到黄昏的时候我还没能进行演讲。因为根据安排，首先由另一位演讲者上台，而这位演讲者以极不寻常的形式把讲话的时间拖得非常之久。我当时很担心失去这个宝贵的机会。那位演讲者在距离昏礼只有二十分钟时，才结束了他的讲话。于是我登上了讲坛。

面对庞大的人群，我把心里想的都进行了倾倒，把所有的东西都说了出去。我首先揭露了外国人试图将宗教与生活分离的图谋；然后描述了国王当局反对伊斯兰教、穆斯林和宗教学者的

1　1963年5月31日。

阴谋;最后,我评述了法齐耶学校的惨案,以此结束了我的演讲。

当我讲述完1月2日[1]法齐耶学校的惨案之后,集会上群情激动,人们开始痛哭起来。最后,我像往常一样,用回顾伊玛目侯赛因的悲剧结束了整场活动。当时,人们对法齐耶学校惨案的悲愤程度甚至比对伊玛目侯赛因的哀悼还要强烈!

## 第一次被捕的经历

直到阴历一月初九[2],也就是我被捕的那一天,我一直都在继续那样的演讲。他们把我带到了警察局。这是我第一次接受警察局的调查,直到那一天我还没有见过警察局里面是一个什么样子。我被带到了一个年轻中尉警官那里,他脖子上青筋暴跳,用很严厉的语气指责和训斥了我。

我平静地回答他说:“你除了最多可以处决我,其他什么事都做不了。可是你又没有权力处决我,你还不具备处决人的资格。那好吧,你想干什么就干什么吧,我都准备好了。当

1 1963年5月26日。
2 1963年6月2日。

我从家里出来的时候，我就已经做好了死亡的准备。所以你也不必枉费心机了！”

他没料到等到的是这样的回答，于是他吃惊地愣住了，他的那种怒火和咆哮也都平息了下来。他改变了语气，反复地说了几遍：“我对你说什么好呢？”然后，他沉默了一会儿，最后说道：“你有父母和老婆吗？”我说：“我有父母，但我还没有结婚。”他很茫然地对我重复道：“我该怎么处理你呢？”我对他说道：“你是具体办事的，我也是具体办事的。因此，你尽你的本分，我也尽我的职责。”

直到阴历一月初十的中午我都在警察局那里。我不知道拘留所外都发生了什么。后来我得知整个伊朗都在孕育着重大的事件，一切都像阿亚图拉塔哈米，这位比尔詹德杰出的人物、教法学家和勇敢的宗教人士后来对我描述的那样。当我被捕时，比尔詹德的局势也处于爆炸性的境地。塔哈米先生告诉我：“人们为了救你出警察局，已经做好了包围警察局的准备，想与警察进行对抗。哀悼委员会也为这事找过我。”

当地的官员似乎已经意识到了这一点，他们担心在德黑兰和伊朗其他城市发生的群众性起义浪潮也波及比尔詹德，因此他们在城市保障委员会召开了一次特别会议。该委员会有权发布驱逐令，于是他们颁布了将我驱逐到马什哈德（我的家乡！）的命令。当地的负责人还想在驱逐我之前平息百姓的愤怒，他们释放了我，但先决条件是我不能再上台演讲。

比尔詹德的百姓用同情和友爱的目光看着我，因此我非常高兴。我看到这座城市的人们，尽管害怕阿拉姆势力，但与伊斯兰教的传教士们却有着情感上的团结。

我在比尔詹德的日子里——从被捕到被驱逐（阴历一月十日至十五日[1]），伊朗的局势因爆发了反对统治力量的运动而一片混乱。在德黑兰，纪念伊玛目侯赛因的聚会演变成了革命性的哀悼仪式，这吓坏了当权者。然而在阴历一月十日那一天，伊玛目霍梅尼在库姆发表了历史性的演讲，这是国王统治末日的开始，伊玛目也因此于1342年3月13日[2]被捕。

还是在那些日子里，一名上校军衔的军事审讯者从马什哈德来到了比尔詹德并且见了我。直到今天我也不清楚他那次旅行的目的是什么。他对我说："我们将把你送到马什哈德。可是，那里的局势很不稳定，有很多人被捕，监狱里多一个人都容不下了。"他企图通过描述马什哈德局势的动荡来给我制造惶恐。于是，他对我说道："你最好还是在比尔詹德多

1 1963年6月3日至7日。
2 1963年6月3日。

待几天，等局势平稳下来再说！”

似乎这位上校的使命仅仅是将这句话的意思传达给我。可是，为了告诉我这句话，他们为什么要从马什哈德派人来呢？实际上比尔詹德的一名士兵就可以来通知此事。还有，为什么是上校级别的人呢？显然当局一些机构的焦虑不安已经达到了极点，对每一件事都在处心积虑地反复琢磨。

## 兵营的监狱

阴历一月十五日[1]，在三名警察的看护下，他们把我押解到了马什哈德。从比尔詹德到马什哈德的距离是五百四十公里，运送我们的那辆军用吉普车一路都在高速行驶，一刻都没有歇息，只是在沿途的一家咖啡店前，为了吃饭而做了短暂的停留。一路上，我们经过了几座城市，如加延[2]、古纳巴德[3]和托尔巴特海达里耶[4]等。

那些警卫人员都处于害怕和惶恐的状态中。当我们到达马

1　1963年6月7日。

2　南呼罗珊省第二大城市，以盛产藏红花和沙棘果而闻名。

3　伊朗最古老的城市之一，位于拉扎维呼罗珊省。

4　位于拉扎维呼罗珊省，伊朗藏红花最主要的产区。

什哈德时，他们把我交给了一个警察中心，在那里我度过了一个艰难的夜晚。晚上，巡警骑着马匹在大街小巷里巡逻，兵营的院子里挤满了值勤的警察，他们是为了休息而聚集在了那里。

因为找不到让我睡觉的地方，他们把我带进了一个又小又窄的房间里，早上又把我移交到萨瓦克大楼，从那里又带到了马什哈德的兵营监狱。那所监狱里有很多囚犯，其中的大多数人是参加示威或发表过声明的年轻人，或者是神学院的传教人员、宗教学生和普通的大学生。

我还记得其中的一些人，他们后来参加了政治斗争，站在了运动的大舞台上。例如，帕尔维兹·普扬，他在四十年代后期成了左派武装运动的领导人之一，在一次武装行动中丧生。还有法克尔先生，现在是伊斯兰议会的议员[1]。

在监狱里，我所进入的那个房间与后来我被关押的那个小号牢房完全不同。在最初的几个小时里，我感到了远离家乡的孤独。我不知道隔壁房间的囚犯都是谁，也不知道有多少人。尽管他们离我近在咫尺，但是我却感到自己离他们是那么的遥远。

1 于2009年2月12日去世。

过了一会儿，我听到了隔壁房间的声音，有人在读诗歌。不仅声音抑扬顿挫，诗句的意思也很特殊，能让人静下心来，给人以应对那种环境的勇气和信心。那是莫拉维[1]《马斯纳维》[2]里的诗句：

狮子不在乎锁链的羞辱

我也不向真主抱怨申诉

1　贾拉鲁丁·鲁米(1207—1273)，波斯文学的“四大支柱”之一，出生于阿富汗的巴尔赫，后在土耳其的科尼耶市定居，去世后被葬于该地。莫拉维是其尊号。

2　莫拉维的代表作，系长篇叙事诗。

我认识声音的主人,他是马什哈德著名的传教士之一。我明白了,他也已经被捕。

辨别出了我的囚徒邻居,听到了他朗诵的诗句,我平静了下来,也从内心消除了孤独和无家可归的感受。

这座建筑不是专门关押士兵的军事监狱,它原来甚至压根就不是监狱,而是一座仓库,国家爆炸性的危局将它变成了监狱。也就是说,那些天的动荡局势迫使当局将它改造成了应急的监狱和拘留所。正因如此,里面的房间根本不适合居住。开始关押我的那个房间就非常潮湿,地面甚至还积了水。所以,几个小时以后他们又把我转移到了另外一个房间。

每天的早上,他们都强迫我们到外面去劳动,比如说去拔兵营院子里的杂草。院子里到处都是自然生长的植物。拔草的时候,我一边拔,一边自言自语:

他们把我变成了一个采花郎

而非波斯大师那样的泥瓦匠

(此处暗指萨迪[1]《果园》[2]第二章中的一个故事:当我被外

---

1 萨迪(1208—1291),波斯文坛的"四大支柱"之一,文风朴质。

2 萨迪的代表作之一,涉及治国安邦、道德修养、生活起居等各方面的问题。

国人俘虏时,在的黎波里的护城河中,他们让我跟一些囚犯一起做起了泥瓦匠的活计。)

他们强迫我们把营地内的小路和通道都清理干净和弄平整了。我在革命胜利之后又参观了这个营地,并在那里发表了讲话,我告诉那些军人:“我曾经参与过这个兵营大部分道路的清理和铺设工作!”

## 哎哟,谢赫！他们把你的胡子给剃了?!

我在那里待了一个多星期。在那段时间里,他们剃光了我脸上的胡子,这是我的脸第一次被剃光。第二次是在另一次被捕期间,后面讲到它时我再细说。

关于刮脸的事,我曾经听说在兵营里不用水也不打香皂,而是干刮——这是一件难堪而痛苦的事情,所以在比尔詹德到马什哈德的路上,我就做好了迎接这个可怕时刻和令脸皮遭殃的准备。

刮脸的时刻终于到了。理发师来了,我既担心又焦虑地看着他。他打开箱子,从里边拿出来一把理发推子。当我看到了推子，深深地舒缓了一口气。很显然，这跟我想象的并不一样。

理过之后我请求去洗手间做个小净，他们许可了并让两个士兵陪我一起去。路上，一个以粗鲁野蛮著称的年轻军官看见了我，他从远处便开始嘲笑我：

“哎哟，谢赫！他们把你的胡子给剃了?!”

我立刻回答说：“是的，我已经好多年没看到自己的下巴了，现在是太高兴了，能看见了！”我以这种方式没让他得意和心里舒服。

## 儿子，我为你而骄傲！

在我被捕三天之后，一名狱警来了，他对我说道：“你明天就自由了。”我对这个消息感到很惊讶，于是对自己说道：“也许是哪位朋友到一个与当局有关系的人那里，去为我求情了。”我一边想着，一边求助于《古兰经》，我看到了这一节经文：“他们将来不能立遗嘱，也不能回家去。”[1]

1 《古兰经》第36章第50节，马坚译，1981年版。

第二天以及之后的很多天在接连不断地到来，然而，我并没有获得自由。

尽管在这所牢狱里停留的时间不长，但却极其可怕。因为这是我的第一次体验。而且这些日子恰逢国家陷入大规模的又抓又绑和血腥冲突的时候。伊斯兰运动和穆斯林宗教人士被来自四面八方的危险所包围，当局在进行残酷殴打和镇压。不过，在艰难困苦之后总会出现转机。监狱的日子持续了八九天，之后我和其他被拘留的人员都得到了释放。

我永远不会忘记自由的那一天。在3月份最后一天[1]的下午，那是一年中最长的一天。一名狱警来了，宣布我们已被释放。我们每个人都收拾好了自己的那点小东西，坐在房间里等待。然后他们把我们集中在了一条两边都是房间的走廊里。再后来，他们打开了监狱的大门，说："走吧！"就这样，我们没有登记姓名，也没有填写出狱时常见的表格。我们互相做了道别。我向大街走去，快步地穿过离兵营并不很远的那一段通向家里的路程。

在我往家里走时，一种特殊的感觉涌上了心头，那种感觉夹杂着兴奋、恐惧和羞耻。我觉得很难堪，因为我的脸被剃得光光的了，我很害怕双亲对我说："你为什么干涉那些事呢，弄得自己还进了监狱？"

---

1　1963年6月21日，夏至日。

当我回到家里时，亲人们用最热情的方式迎接了我。他们见到我都很高兴。当我坐下来喝茶时，母亲对我说的第一句话是这样的："儿子，我为你而骄傲！"我长长地出了一口气，并表示了感谢。母亲的这句话对我在抗争道路上继续进行各种活动产生了很大的影响。

# 第八章

# 红色的古城堡

## 有组织的活动

我第一次被捕是在1342年的春末[1]。在那年冬末[2]的时候，我再次被捕。

## 扎黑丹沿途的汽车站

在我决定去扎黑丹之后(以前我曾经说过此事)，我曾求助于《古兰经》，出现的经文是"忏悔"那一章的第48节："从前他们确已图谋离间，他们千方百计地想谋害你，直到真理降临，真主的事业获得了胜利，同时他们是憎恶的。"[3]我打开的那页《古兰经》，开篇的第一个词也恰好有随心的意思。我从这

1　具体时间为1963年6月2日。

2　1963年12月22日至1964年3月20日。

3　《古兰经》第9章第48节，马坚译，1981年版。

一章经文中意识到自己在扎黑丹的任务会很繁重。不过,但愿一切都能成功顺利。实际情况也跟我的想象完全一致。

我在扎黑丹没有什么熟人。但我知道有卡夫阿米先生,他是该地区著名的宗教人士。我曾请马什哈德的米拉尼先生给他写信把我介绍给他,并请他帮助我解决可能出现的各种难题。

在那个时候,阿亚图拉米拉尼是伊朗一流的大宗教学者,是宗教法学权威之一。他住在马什哈德,也非常关爱我,他知道我前往扎黑丹的目的是执行一项斗争任务。

我是在这种既艰难又危险的一天里离开了库姆。我和一些朋友因某件事被通缉,现在我已记不太清是什么事了。我们从法齐耶汗学校[1]洗衣房地下室的一个暗门里走了出来,然后我上了一辆长途汽车,车上的大部分乘客都是出去做宣传的宗教学者和宗教学生。长途汽车离开库姆驶向了目的地克尔曼。克尔曼也是长途客车的终点站,距离库姆约一千公里。车上共有三十多名传教人员,他们渐渐地分别在沿途的城镇和村庄下了车。在我的记忆里,在这些人当中还有阿亚图拉苏伯罕尼。长途客车抵达伊斯法罕时已经是夜晚,司机和乘

1 即法齐耶学校。

客都该休息了，我们大家一起包租了一个小院子，在那里度过了一个美好的夜晚。我们谈论了各种问题，谈论时还夹杂着闲聊、表达烦恼和愿望以及宣传方面的事情。这样的聚会对我们来说真是太令人难以忘怀了。

到达亚兹德[1]以后，我们恰巧遇见了萨多吉先生。在那个时候，他是亚兹德地区著名的宗教学者，后来他也成了伊斯兰革命杰出的人物之一，伊玛目霍梅尼非常喜欢他。1361年[2]，他在自己人生的第八个十年里，在清真寺的宣讲坛上，被一伙人民圣战者组织的成员所杀害。

过了亚兹德之后我们便到了克尔曼。在克尔曼，所有的人都下了车。我必须换乘另一辆长途汽车继续自己从克尔曼到扎黑丹这五百公里的漫长旅行。我在克尔曼也有一些好朋友，如穆罕默德·贾瓦德·霍贾提·克尔曼尼——我们曾一起师从已故的阿拉梅·塔巴塔巴伊，向他学习过阿布阿里·西那[3]的《治疗论》。还有一位朋友赛义德卡迈勒·设拉兹先生。他们都坚持让我在克尔曼多停留几天。这两个人都是在库姆发生惨案之后，从库姆返回到这里的。霍贾提先生是克尔曼人，而赛义

1　伊朗一省份及其省会的名称，位于德黑兰的东南方向，伊朗中部的位置。

2　具体指1982年7月2日。

3　也译阿布阿里·西拿。

德卡迈勒·设拉兹是在我到达前两个月才到了克尔曼，住在这座城市里，而且还在这里结了婚。我和这些朋友一起在克尔曼度过了三天的时间。那是我生命中最美好的时光之一，那些时间是在与有知识的战斗伙伴一起讨论问题中度过的。然而在第四天的时候，我不得不离开克尔曼而前往扎黑丹去执行任务。因为，时间已经有些迟了。

这未免太残酷了，让我从已习惯的交流与对话的安宁中，突然离开他们。特别是我还要独自离开克尔曼，奔赴未卜的前程，去往一个我毫不了解的陌生之地。当我与兄弟们告别时，我心里充满了沉重的伤感。每当我想起那一刻的滋味，心里都会感到非常的难受。

晚上，长途汽车驶向了扎黑丹。黎明时分我抵达了目的地。我向一位路人打听城里的清真寺在哪里，他把卡夫阿米先生的清真寺告诉了我，于是我便向那里走去。在清真寺的院子里，有卡夫阿米先生为前来传教人员落脚而准备的房间。我把自己的背包放在了其中的一间屋子里，打听到了卡夫阿米先生的住处并向他家走去。

我敲了门。这是我第一次直接面对一位虔诚的、德高望重的五十岁的宗教人士。他高大魁梧，头上缠着白色的大缠头,面带微笑和善意。他用最美的表情和话语开口跟我打招呼。后来我才知道,他在扎黑丹有非常重要的地位和广泛的影响。

他对我说:“米拉尼先生给我来了一封信,提到了你。信中还夹带另外一封私信,是给你的。”

米拉尼先生给我的信具有特殊的意义。因为这表明他对我的工作和使命的关心和关注,他还想通过这一途径让卡夫阿米先生也加以重视。

从社会的活跃层面来说,米拉尼先生是一位非常重要的人物。此外,他还是一位知识渊博的神秘主义者和诗人。在社会道德方面,卡夫阿米先生也是一位尊贵和有身份的人物。在管理扎黑丹的伊斯兰事务方面,他也非常强势。

我接过米拉尼先生写给我的信,除了那漂亮的字迹和内容之外,他还附上了另外一句话:祝您在扎黑丹生活愉快!

## 被雇佣的谢赫

卡夫阿米先生对我的迟到表示了不满。因为按照惯例,讲坛的主人应该在斋月之前抵达,要提前制订好自己的计划。而我是在这个月的初一才赶到的。他说:"清真寺全天供你使用。但从马什哈德已经来了一位谢赫,他也要登台演讲。"

我早就认识这个谢赫,他是当局的雇佣人员。当国王对"白色革命"六项法案进行征求意见时,他表明了支持的立场,并且对反对法案的人进行了攻击。

这个消息出乎我的意料。我对卡夫阿米先生说:"您不必搭理他,不能让他登上讲坛。"我们两个人正在忙于讨论那个谢赫时,他本人走了进来。卡夫阿米先生的脸色立刻发生了变化,露出了焦虑和担忧的神色。但我完全没有在意这个谢赫,表情也没有发生丝毫的变化。后来,卡夫阿米先生还提起过我对这个谢赫的漠视,同时还对我表示了赞叹。

所提到的这个谢赫,是一个很会应承、很会溜须的一个人。他刚一进门,便面带友善,脸上堆满做作的假笑,用奉承的手势向我打了招呼。我冷冷地回应了他,而且没有站起身来,也没有看他一眼。我立即与卡夫阿米先生交谈起来,并占据了主动地位。值得一提的是在那个时候,我刚刚进入青年时期,而这个谢赫,还是我们小学时的诵经老师。

后来,卡夫阿米先生告诉我,他不得不邀请这个人。因为在扎黑丹政府机构的人员中有很多他的支持者。这些支持者向卡夫阿米先生施压，要求他当这位谢赫来到扎黑丹以后，邀请他去清真寺。而卡夫阿米先生的清真寺是扎黑丹唯一的什叶派清真寺。

## 哈希姆的妈家和卡赛姆的妈家

卡夫阿米先生坚持让我住在他的家里。可是后来我发现他有两个妻子，每个妻子都住在单独的家里。两个家离得很近，是相互挨着的，而且还非常像。他遵守完全公平的原则对待两个妻子。用一种精准的节奏在两个家之间来回走动。他会在固定的时间进入其中的一个家里，在第二天的同一时刻准时从那里出来进入第二个家中。在第二个家里，他同样按上一个家中的节奏行事。在家里的花销方面，他也是同等对待。全能的真主也像他对待两个妻子那样对待了他。所以给了他第一任妻子四个儿子和三个女儿，也给了他第二任妻子四个儿子和三个女儿，一个不多一个不少！卡夫阿米先生用每个家里长子的名字来称呼这个家。一个是“哈希姆的妈家”,另一个是“卡赛姆的妈家”。我们则分别称两家的居民为“哈希姆部落的”和“卡赛姆部落的”。对他们家那些女婿的称呼也是如此。例如,今天马什哈德成功而杰出的星期五聚礼会的伊玛目埃巴迪先生(于1383年12月7日[1]去世)就属于“卡赛姆部落的”,而于1369年[2]在锡斯坦-俾路支斯坦省牺牲的马扎里烈士,则属于“哈希姆部落的”。

## 王室的阿訇们

我住在了卡夫阿米先生的家里。讲坛的使用是这样约定的:一天是属于我的,另一天是属于那个被派遣来的谢赫的。对这种分配,我的心里有些不快,但是,我又别无他法,只能接受。后来,那个谢赫又要求增加演讲的时间,因为他认为自己是一名职业的传教者。他说:“在赛义德(也就是我)讲话之后,让我再上台演讲。”他的请求没有被接受,一切还是按照之前的模式进行。直到斋月中旬的一天中午,那一天是星期五,

1 2005年2月25日。

2 1990年3月21日至1991年3月20日。

清真寺里挤满了做礼拜的人。礼拜结束以后我走上了讲坛，谈论了一些宗教学者。我说他们分两部分，一部分是在执行自己的职责，一部分则不是。我想利用这次聚会为我想表达的主要内容做个铺垫，我也是为了这个目的而来到这里的，因为我打算在斋月的第二十一天，当清真寺里人最多的时候提出这个问题。这一天到处都放假，是伊玛目侯赛因的殉难日，所以，在这一天所有的人都会集中到清真寺里。

在第十五天的演讲中，我赞扬了履行职责的宗教学者，抨击了与执政的独裁当局妥协并为之效力的宗教人员。

我的讨论方式是假定一个王室的阿訇现在就坐在我的对面，我在用不满和谴责的语气与其进行对话，我猛烈抨击他，因为他没有履行职责，他向压迫者投降而对伊斯兰教和穆斯林群众犯下了滔天罪行。

前面提到的那个谢赫当时也在场，卡夫阿米先生仍然坐在带领大家做礼拜的铺着地毯的位置上。我以最大的勇气在演讲，这是我最好的演讲之一。最后，我提到了伊玛目侯赛因的悲剧并走下了讲坛。

在之前的那些天里，当我的演讲结束以后，人们通常还会坐在那里继续听那个假谢赫的表演。但是这一次，他们站了起来，带着钦佩、祝贺和赞同的目光向我走来。我离开了清真寺的大殿,人群也跟着我走了出来。我按照以往的惯例,走进清真寺的一个房间里休息。

在我还未走出去之前,我看到谢赫站在讲坛的第一个台阶上,请求人们再停留十分钟——哪怕只有十分钟也可以。他试图继续吸引大家的目光,但是,已经没有人理会他的请求。大家纷纷离开了清真寺,剩下的人可能还不足五十个。

大约过了一刻钟,我在清真寺的房间里突然听到了一个男人咆哮和抨击的声音,他在严厉地指责,在诅咒。我站起身向窗外望去,看到卡夫阿米先生像一头怒吼的雄狮愤然而出,缠头的一端仍然掖在他下颚的位置,人们都跟随在他的后面。我有些愣住了。几分钟以后,我看到了那个谢赫,他低着头,吃了败仗一样从清真寺的大殿向外面走去。

在那之后,这位谢赫的朋友——一位木匠来到我跟前,他对我说:“谢赫在讲坛上说了一些激怒卡夫阿米先生的话。于是卡夫阿米先生站起身对大家说:‘百姓们!坐在这里听此人的讲话是违背教规的!’然后他就走了出去,大家也都跟着他走了出去。”

后来我才明白那个差劲的谢赫做了什么。他在我走下讲坛之后,上台对我称赞过的那些宗教学者进行了攻击和侮辱。在这种状态下,卡夫阿米先生除了行使自己的教法责任,别无他路可走。我确信，从那次事件开始，这个谢赫在扎黑丹的活动也就结束了。

## 你还能用什么来吓唬我呢？

在那天的黄昏，我被邀请到一位信士的家里吃开斋饭。开斋饭之后，我回到了自己在清真寺的住处，以便为当晚的演讲做准备。这时，我听到有人在门外叫我。我开了门，看到了一个穿戴整齐的时尚青年。他向我问了好，然后说道：

“你是××吗？”

“是的。”

“警察局长让你去一下。”

“有什么事？”

“也没什么，他想和你聊一聊。”

“我知道这个传唤是什么意思，但这事不符合你们的利益。我已经被邀请在今晚登台演讲，鉴于今天在清真寺发生的事情，如果人们知道我被捕了，那对你们来说将会有一个很糟糕的结局。”

但是那个年轻人向我解释说，除了与警察局长会面，没有其他的选择。并且说他只是一个传话的，在这件事上也没有决定权。

当我走出清真寺时，看到警察和军队已经围住了四周。这时我才知道当局真的是在采取一个强硬的威慑立场。我不得不跟那个年轻人一起去警察局长那里。

警察局长是一个大个子，上校军衔。他在一个豪华大厅的尽头——这与我在比尔詹德看到的完全不同，坐在一张大桌子前。

当我走进去的时候，他正忙着写什么东西。当然，这通常是一种故作的姿态，显示他丝毫没有在意进去的人，其目的就是打消来者的气焰。我向他问了好。他既没有回应我的问候，也没有抬起头来。我也没有其他的办法，只能以同样的方式来回敬他。于是，我没经他允许便坐在了房间里最时尚的沙发上。然后，我自己也开始忙活起来，丝毫不在意他在干什么。当他看到没能让我在精神上就范，便抬起头来说道：

“你是××吗？”

“是的。”

“你为什么煽动群众？”

“你们才煽动群众!”

他调整了坐姿,似乎没料到会有这样的回答。他说:

“这话是什么意思?”

“我只向群众解释了宗教问题和宗教法规。这种工作哪里是煽动?但是你们却在用自己的行为刺激群众。”

他的脸上浮现出了平静的迹象,说道:

“我们不想激怒群众。你在演讲时侮辱了国王的改革。”

“你们得到的是假消息!”

上校的语气变了。在他所说的那些话中,有一句是这样的:“我们和你一样也是穆斯林,我们热爱霍梅尼先生!”

毫无疑问,他没有说实话,他的目的是欺骗,伪装。我在心里说:“真是谢天谢地,一个狂妄的军人不得不在一个被他抓起来的年轻穷学生面前伪装自己并阿谀奉承!”

他开始显示自己的温顺和善意,对我进行劝告:“你的人生才刚刚开始,刚刚步入青春时期,你为什么要让自己陷入困境呢?!为什么要给自己制造麻烦呢?!”

这样的说教通常会令听者心软下来。当他心软下来时,说教者便会发火,便会随心所欲地向他发号施令。因此,在这种情况下,说话一定要果断,让说教者彻底失望。

我告诉他:“之前在比尔詹德他们逮捕过我,并把我带到了警察局长那里。我把自己在那里说过的话给你再重复一遍。”我对他说:“你是执行任务的,我也是执行任务的。我有责任履行我的宗教使命。你也可以完成你肩负的任务。你除了杀害我,什么都做不了。我已经做好了赴死的准备。你现在还能用什么来吓唬我呢?!”

这样一句话对世人的影响会有惊雷般的效果。他们惧怕“死亡”这个词。这位已经度过自己青春的警官,也贪生怕死。而且他还看到了一个刚刚踏上人生之旅的年轻人对他说道:“我已经做好了死亡的准备,我不怕死亡!”

他转过头来,愣住了,彻底崩溃了。稍后,他恢复了镇定,平静地对我说道:

“但愿你不会遇到什么麻烦。你只需要承诺以后不再做这种事即可。现在,你到隔壁的房间,去回答几个问题。”

## 首次体验萨瓦克的招数

在隔壁的房间里,审讯人员问我:“你在讲坛上都说了些什么？为什么要那么说？你说那些问题的目的是什么？”这些问题表明我在讲坛上所说的一切都已经传到了他们的耳朵里。当审讯结束以后，他们把我带到了另外一个地方。

在那里我遇到了一些特殊的阴沉面孔，我明白了他们是萨瓦克的特工。在当时，扎黑丹萨瓦克的头目以邪恶而出名。他之前在马什哈德担任过同样的职位，后来被调到了扎黑丹，从扎黑丹又去了克尔曼，犯下了种种可怕的罪行。革命爆发以后，他逃离了克尔曼。

总之，他们把我带到了一个房间，几个年轻人围住我并对我进行了仔细搜查。他们拿起我的钱包，翻出了里面的照片，问我照片的主人是谁。他们试图通过侮辱和嘲笑对我发动心理战。但我丝毫没有屈服，我在他们的面前没有软弱，没有失败。当然，在这期间我也吃了不少的苦头。

一个小时以后，他们把我带到外面，塞到一辆小汽车里并带出了城外。天气阴暗而且非常寒冷。那一年是当地最寒冷的年份之一，冷到了连扎黑丹这个基本不下雪的地方，也下起了雪。

我明白了，他们把我带到的那个地方是一个兵营。他们把我关进了看守所。对于士兵们来说，我可是出乎他们意料的新客人。他们看到了一个消瘦、缠着缠头、戴着眼镜、穿着宗教学生服饰的青年人,这些特征通常会引起情绪上的变化。士兵们都站了起来,他们围着我恭敬地向我打着招呼。当他们的指挥官看到自己的手下做出这种举动时,既尴尬,又感到了担心,他立刻把我带到了一个僻静的地方。然而他自己也受到了影响,也用一种特殊的情感在对待我。他把我带到一个小房间里,里面的电暖器已经灭了。他走了出去,很快又返了回来。他点着了炉子并用亲切的口气问我:“您是谁?”接着便跟我聊了起来。他又去给我拿来了饭菜,然后才离开。不过,稍过片刻之后他又返了回来,坐在了房间里。跟他一起来的还有一个人,跟他坐在了一起。我们进行了有趣的交谈。比如他对我说:“导致你来到这里的那个人,跟你是同类!”我明白了他的意思。天刚一亮,他说了一声“再见”就走了。

在这里,有一点我要说明一下,在所有被拘捕的过程中,我的仪表和表情都是很吸引人的。我还记得在第一次被拘留时,我进入兵营以后站在看守面前等待他们的安排。就在此时,最有名的将军之一敏巴西扬从对面的楼梯上走了下来。他的目光从远处落在了我的身上,他直盯着我,然后向我走了过来。走到我身边时问道:“你是谁?为什么被带到了这里?”我回答说:“他们对我说,我说了一些违背国家利益的话。”他朝部下要过我的档案，一边翻着档案，一边既遗憾又惊讶地摇着头，连连说道："奇怪！你为什么要那样做?！你为什么要那样说?!"……然后，就不无遗憾地离开了。

## 第一次乘飞机旅行

一大早，他们把我带到了萨瓦克的总部，一直待到下午。在此期间，他们对我进行了持续几个小时的审讯。当我发现审讯者是我儿时的一个朋友时，我感到非常惊讶。我参加过他和他兄弟的儿童游戏。他的父亲和他的一些兄弟是宗教学者和赛义德。

下午的时候，他们把我带到了机场，让我和另外两名随行特工坐在了飞机上。飞机起飞了，飞向了我所不知道的目的地。后来我才清楚是飞往德黑兰。

这是我第一次乘坐飞机旅行。在此之前我没有登上过飞机。很凑巧的是，在伊斯兰革命胜利以后，我的第一次空中旅行就是前往扎黑丹执行任务。伊玛目在一个命令里派我去俾路支斯坦[1]，这个命令在《伊玛目霍梅尼著作汇编》里有记载。拉谢德·亚兹迪先生与我同行，他在1357年[2]与我一起被流放到锡斯坦-俾路支斯坦省的伊朗沙赫尔。在这次旅行中，我们乘飞机从德黑兰到了克尔曼，在伊朗伊斯兰共和国举行公投的当天（1358年1月10日[3]，阴历1399年五月一日），我们正在克尔曼。我们从那里去了扎黑丹。在机场，当地的一些长者前来迎接了我们。在那里我对他们说："我人生的第一次空中旅行，就是从这个机场开始的。现在，在革命胜利后的第一次公差旅行中，我的双脚又踏在了这座机场上。"

## 抒情小舟

在把我押往德黑兰的飞机上，我对种种问题进行了思考：对这个已经兴起的伊斯兰运动的未来；对这个运动的发起者——伊玛目霍梅尼；对需要我陪伴到德黑兰继续接受治疗的我的父亲——他因为白内障正在逐渐失明；对等待着我的

1　即锡斯坦-俾路支斯坦。

2　1978年3月21日至1979年3月20日。

3　1979年3月30日。

未来……后来，我不再思考这些事情，我拿起一本杂志翻了起来。我的目光落在了一首抒情诗上，它让我很感兴趣。我有一个习惯：把喜欢的每一首诗都记录在一个特殊的小本子上。我还给这个小本子取了个名字，叫“抒情小舟”。我注意到那两个随行的特工在我的一左一右伸长了脖子看了起来，看我在写什么。我也不顾他们的打扰，继续写着。他们目不转睛地瞪眼看着。当我写到最后时，在诗的下面添上了这样一句话：“这些诗句，是我在一架从扎黑丹起飞但不知飞往何地的飞机上，在两个好心特工的陪伴下，记录下来的。”这句话对他们两个人都产生了积极的影响。

飞机在夜间来到了德黑兰的上空，城市灯火通明，令人心情愉悦。我看到随行的特工对德黑兰的鸟瞰景色很感兴趣，对能来到首都也感到非常的高兴，特别是其中的一位兴奋不已。我对他说：“感谢我吧！你因为我才能坐上飞机来到德黑兰。如果被捕的不是我而是另外一个人，恐怕你现在应该是坐在一辆汽车上送他去哈什[1]，得一整夜穿行在荒芜的沙漠里。而现在，您将在德黑兰愉快地度过一个良宵！”他发自内心地笑了起来，那完全是一种幸福和开心的感觉。

---

1 锡斯坦-俾路支斯坦省的一个城市。

# 萨勒塔纳特阿巴德[1]兵营

我们顺着飞机的舷梯来到了地面，萨瓦克的汽车早已等候在那里，他们让我们上了车。汽车行驶在德黑兰的大街上，我坐在后排无法看清外面。但是，我认出了我们所穿过的一些街道。夜里很冷，下着雪。我们来到了一片没有建筑的空地。我隐隐地有些害怕，觉得他们可能会在这个空旷之地将我杀害。

过了一会儿，汽车停了下来，我听到了“停！”的声音。我意识到我们已经到了一个兵营。随行的一个特工下了车，递给警卫一张纸。他们放我们进到了里面。后来我才知道，这里就是“萨勒塔纳特阿巴德兵营”。

我们在警卫中心的前面下了车。他们对我进行了检查。然后，警卫军官从特工手里将我移接了过去，那两名特工便离开了。他们把我带到了一个宽敞干净的房间，房间里有两张床和一个取暖的炉子。

军官问我：“吃过晚饭了吗？”我说：“没有。”他给我拿来了晚饭。我吃过饭以后，做了礼拜，然后就进入了深深的安稳而

1　意为王室城堡。

宁静的梦乡。因为，屋里屋外漆黑一片，我什么都看不见。

天亮时我醒了，做了平时该做的事情。这时，有一个人走过来对我说："你要早餐吗？"由于我处于旅行的状态，因而我没有把斋。我说："是的。"他给我端来了一大杯红茶，还有军队特有的馕，馕里通常会放一些油、糖和一点樟脑。馕很厚实，也很好吃，旁边还放有一点黄油。我很饿，把它吃了个精光。我感到很享受！

## 那个雪天

我从窗户向外看去，看到积雪覆盖了所有的地方。当我们抵达德黑兰时，下着小雪。但是在这一个夜晚，大地披上了厚厚一层干净而洁白的盛装。这时，我看到一个军官走过来走过去的，我明白了自己的房间是在监狱的隔壁。他是一名警卫军官。一个小时以后有人在叫我，是那两名随行而来的特工。我和他们坐在了一辆汽车里，然后向以前的谢米兰大街（现在的沙里亚提大街[1]）驶去，那里是萨瓦克的一些秘密建

1　德黑兰市（共22个区）第三区一条南北向的主路。

筑。那两个特工跟我告了别，我从他们的脸上看到了友爱与同情的神色。他们问我："您有什么吩咐吗？"我说："请向卡夫阿米先生带好。"我想通过这个渠道让他知道我在德黑兰。

他们把我带到了一个大房间里。我在那里待了一阵子。在那一段时间里，有人过来打开门斜着眼看了看我，然后便走了。过了一会儿，又来了一个，做了跟前一个人同样的动作。这样重复了好几次，直到其中一个人走过来对我说道："过来！"

当我和那两名萨瓦克特工再次被安置在一辆车里时，我感到了惊讶。汽车在城市的街道上穿行，我不知道我们要去哪里。不过，我明白汽车是顺着卡拉季大街向德黑兰的西部驶去。卡拉季大街后来被命名为“伊丽莎白大街”，革命胜利后又改为“克沙瓦尔兹[1]绿化大道”。我很熟悉这条街，因为那里有伊拉克的大使馆。我在1336年[2]到那里办理过去伊拉克旅行的签证。我们穿过了这条街，车子向西北方向拐去，最后到了一个没有建筑物的地方。我更惊讶了。我在不断地问自己：会有什么样的命运在等待着我呢？汽车又行驶了一段路，然后向右拐去。我们越过了一个旁边站着警卫的高高的路障。在路障的另一侧，我看到了一个布满积雪的广场。汽车停在了广场的某一个点位。两个特工下了车，我也跟着他们下了车。在广场的一个角落里，我看到了一座被大约十米高的大围墙围起来的大城堡。在广场的一侧，是一些土黄色的低层建筑。而另一侧则是一座新的楼房。两个特工中的一人进入了新的楼房里，另一个在检查汽车的发动机和轮胎。路上，从他们的言谈中，我明白了他们会说突尔克语。我也懂突尔克语，我想知道现在是在哪里，于是，我便用突尔克语向眼

1 农民。
2 1957年3月21日至1958年3月20日。

前这位特工问道:“这里是哪儿?”这句突尔克语的问话起到了应有的作用。他既担心,又小心翼翼地向左右看了看,然后用突尔克语的方言说道:“‘吉兹勒’城堡。”也就是“格泽勒”城堡。

在突尔克语里,“格泽勒”是红色的或者金色的意思,因此,我们现在是在著名的红色城堡监狱里(革命后,这座监狱被拆除,变成了一个水果和蔬菜市场)。我听说过这个监狱的一些事。众所周知,在那里生存非常艰难,他们极其残酷地对待那里的犯人。

进到楼里的那个特工回来了。他们两个走在前面,我跟在他们后面,我们向城堡的方向走去。城堡外墙的大门打开了,里面出现了一个士兵,他急匆匆地从雪地里向我们跑了过来。他用手指着我并问那两个特工:“就是这个?”特工们回答说:“是的,是他本人。”然后,士兵把脸转向我说:“跟我来!”我在后面跟着他,后来还结识了他。他是一个设拉子[1]的年轻小伙,正在那个监狱里服兵役。

我从正门进到了里面,在几米远的前方又是一道高墙,它也有一个大门。第二道大门打开了,我看到了一个非常空旷

1 伊朗法尔斯省的省会。

的广场。广场上坐落着监狱的建筑。我们向监狱的城堡走去。城堡那扇可怕的用铁链子锁着的大铁门也打开了。进入这个大门以后是一条狭窄的过道，过道的两侧都是牢房。他们把我带到了其中的一间牢房里。

## 扎曼尼士官

我随身携带的有一本《古兰经》、一串念珠、一个电话本和一本“抒情小舟”。另外还有一本书，叫《伦理汇编》，里面有许多大宗教法学家的教法言论，它是我在克尔曼时卡迈勒·设拉兹先生赠送给我的，他是我在扎黑丹的好友。另外，我的衣兜里还有四土曼零二克朗的现钱。我在扎黑丹时所有的钱就是五个土曼。在扎黑丹的萨瓦克那里，我花了八个克朗买了馕和鸡蛋。

他们把我带进了一间牢房。牢房的面积是二米乘二米，其中一半稍微高出一些，是平时坐和睡觉时用的平台，上面铺着一张塞满稻草的垫子。他们给了我两条毯子。我第一次被关在这么小的牢房里。我愣愣地坐了一阵，把四周都看了看，看到屋顶上有一个小洞,是看守用来察看犯人的,他们会在它的旁边来回溜达,通过它来监视下面的犯人。我还看到门的上方有一个小窗口,上面用一个小布帘遮着。在一个角落里有一盏不超过十五瓦的电灯在一昏一明地亮着。

在我被扔进牢房几分钟以后,牢房的门打开了,一个军人走了进来。后来我知道他是"扎曼尼士官"。还有其他五名同级别的军人在轮流看守监狱。在他们当中,有两个人在囚犯中非常有名,一个就是这位扎曼尼士官,另一个就是这群人的负责人,也就是萨基士官。在后面我还会谈到他。

扎曼尼士官走了进来,说道:

"你都带了些什么?"

我说:"你可以自己翻。"

他开始检查并翻了起来。他拿起《古兰经》看了看,说:"这是《古兰经》,没问题,你可以留着。"当他看到我衣兜里那一点零钱时,显然是受到了一些触动,他看上去心里有些难受。然后,他又问起那本《伦理汇编》来,他说:"这本也是祈祷的书?"他想从我这里得到一个肯定的回答,这样他就可以把书放回我面前了。但是我告诉他:"这是一本关于神秘主义的书,而且……"他打断了我的话,说:"是的,这是祈祷的书,这是一本祈祷的书。没问题，它可以留在你的身边！”这种对待我的方式清楚地表明，这个人是想帮助我的。除了我口袋里的电话本，他什么都没拿走。他走了，我孤单单地一个人留在了那里。

## 在萨瓦克的阿拉伯囚犯

我向《古兰经》请求庇护，开始大声地念经。我念经的时候没有一点波斯语的口音，这让人误以为是一个阿拉伯人在念经。我正在忙着念经，只见有人掀开门上小窗口的帘子在看我。他走了以后又来了一个人，然后又走了。我以为这些来来去去的人是看守，然而当其中的一个人用胡齐斯坦人特有的阿拉伯语口音跟我说话时，我才知道他们并不是看守。可是我并不明白他在说什么，因此也就没有回答他。又来了一个人用阿拉伯语问道：“你是阿瓦士[1]人吗？”我说：“不是，我是马什哈德人。”从此，他们离开以后就再也没有过来。

后来我得知，他们都属于一个叫“阿拉伯解放阵线”的组

1　伊朗胡齐斯坦省的省会。

织。开始的时候,贾迈勒·阿卜杜勒·纳赛尔支持他们,然后是伊拉克的复兴党将他们置于自己的保护伞之下,并利用他们对抗伊斯兰革命。令人惊讶的是,这些人反对的,竟然是一场推翻反阿拉伯、反伊斯兰的国王的革命!

应该注意的是,胡齐斯坦的阿拉伯人信奉伊斯兰教,喜欢先知家族的人。他们的虔诚,我在革命以前从所遇到的胡齐斯坦人的身上就看到了。而在革命之后,我的这种感受就更加强烈了,尤其是在被强加的两伊战争开始之后,胡齐斯坦的男男女女为了保卫伊斯兰家园免受复兴党当局的侵略而进行了英勇的抵抗。复兴党原本指望他们能配合,但是它失望了。在战争期间,胡齐斯坦人证明了自己与伊斯兰教和伊斯兰共和国的联系。他们英勇抵抗,大批大批地牺牲,以生命为代价忍受了城市被轰炸以后无家可归所带来的痛苦。而那个隶属于复兴党的世俗民族主义的团伙,从伊斯兰革命的伊始便迅速地从胡齐斯坦的群众中被剥离和孤立开来,而且现在已经基本不复存在了。

在我被捕后的最初几天,他们没有严格限制我走出牢房和在走廊里活动,所以我认识了这些人。他们跟我很融洽,我跟他们也是如此。因为他们都是伊朗人,都懂波斯语。然而,由于我对阿拉伯语特别感兴趣，我便用阿拉伯语跟他们交谈。

在他们当中，有一个人对文学感兴趣，对诗歌很熟悉，背诵过很多诗，我把从他那里听到的很多诗句都记在了脑海里。这个人叫巴盖尔·纳扎里，是一个赛义德。在狱中，这些阿拉伯兄弟还背诵过被称为“阿布齐耶”的民间诗歌。有一个年轻的知识分子，名号叫纳赛尔·卡比，我之前谈到过他。

赛义德巴盖尔·纳扎里是一个虔诚的人。我记得他每天都大声背诵纪念伊玛目侯赛因的《阿舒拉的挽辞》。他赞颂先知的家族，诅咒他们的敌人。他一边在嘴里念叨，一边在走廊里来回走动。

在我隔壁的牢房里还有一个阿拉伯兄弟，是谢赫哈纳什。“谢赫”这个词定义了他在部落中的地位。我的另一侧的邻居是他们当中的一个年轻人，年龄在二十到三十岁之间。他叫伊萨，英俊端庄，是他母亲唯一的儿子，他也是一个谢赫，在部落里具有一定的地位。他们中的另一个人是达赫拉伯·卡比，他也是部落的谢赫，广受其他人的尊重。我还记得在放风的时候，这些胡齐斯坦的兄弟们会在空地上打打闹闹。当有谁躲藏在达赫拉伯身后时，其他人就不再捉弄他了。还有一个人叫阿卜杜勒·扎赫拉·贝赫什提，他的牢房正好在我的对面。

我还记得很多关于这些狱中胡齐斯坦兄弟的事,我在这里提几个:

我与纳赛尔·卡比有很多私下的交谈。我发现这个人与其他的人有所不同,人人都敬重他。当他从组织成员的面前经过时,他们都会出于礼貌而站起身来。他不参与朋友们的说笑、游戏和娱乐,而是冷静体面地待在一旁,但是并不自傲,也不小看他人。我跟他交谈时用的是阿拉伯语、英语和突尔克语。在交谈的时候,就像以前我所说的,也涉及阿拉伯语的一些语法规则。后来,我们的讨论延伸到了当下伊斯兰的问题和独裁政权的统治。之后讨论的范围更广泛了,我向他提出了组织间进行联系的问题,他对此也表示欢迎,认为这是一件好事。当然,我们的关系没有再发展下去,仅提出这个问题而已。从我们双方来说,触碰这个问题就已经有违谨慎了。

我出狱以后在报纸上看到他被处决的消息,另外被处决的还有达赫拉伯·卡比和谢赫伊萨。这让我非常悲愤。

纳赛尔·卡比具有个性和英雄主义。我还记得他对我说过的一句话:“赛义德啊！女人必须完全是女人。也就是说,无论从哪一方面来说,她必须具有女性的特征。”鉴于这句话的本身意思,并且它是从一个有智慧和知识面很广的男人的口里说出来的,因此,它也对我产生了影响。

我的邻居谢赫哈纳什也是在部落中很受人尊重的。他很严肃，中等个子，六十岁。我还记得他说的一句话："我有三个妻子！我最近又娶了第四个妻子！当然我还没有和她同房。如果到斋月我还不能自由，那我就休了她，不能再拖了。"不过，他在开斋节之前就自由了。

还有一天，我问他"哈纳什"是什么意思，他没有回答我。赛义德巴盖尔·纳扎里让我不要再问起这个问题。我感到很奇怪，问道："为什么？"他说："因为'哈纳什'的意思不好。"我更加奇怪了，问了这样起名字的原因。他说："我们那个地方的人都认为，如果用最差的名字给男孩子起名，他就会活下来，在岁月的灾祸面前就会安然无恙。"这是一个很奇怪的风俗。然而更奇怪的是，他所有的兄弟都死了，只有他还活着！

## 监狱里的斋月聚会

那是斋月的夜晚。每当开斋的时刻一到，胡齐斯坦的兄弟们便聚集在监狱的走廊里，开始铺毯子，泡茶和抽水烟。我从牢房里向外看着他们。后来，当他们允许我到走廊里走动时,我也加入了他们的活动。大家约定好了,我每天晚上为他们讲述一些东西。他们中的卡赛姆嗓音很好,会吟诵一些赞词和哀悼的挽词,并按照惯例会提及伊玛目侯赛因的悲剧。我的言论是含蓄地谴责统治当局,内容是关于伊玛目阿里、他的公平正义和伊斯兰统治者的特点。他们对这些话很满意,也不感到奇怪。他们之所以如此是因为这些话语符合他们的理想,涉及了他们的希望,说到了他们的痛苦之处。

每天晚上,由一名参与者负责支付费用,当然,除了身无分文的我之外。大部分的钱都花在了茶和砂糖上。

有一个亚美尼亚人,叫奥瓦希扬,他也在监狱里。后来,我们得知他是人民党的领导人之一。他在囚犯中有着特殊的富裕感,他所拥有的条件是其他人所没有的。这位亚美尼亚囚犯有一次也来到了我们的斋月聚会,听了我的讲话,并感到非常兴奋。几天以后他又来找我们,他问:“能允许我支付下一次聚会的费用吗?”我们说:“欢迎你加入!”

有趣的是,他还知道我们对干净与否的看法,并且知道如果用湿着的手触摸东西,从我们的角度来看,那个东西就不干净了(当然,这是大多数宗教学者关于有经人的普遍观点。在这里我把它作为一句题外话提出来,并且我认为有经人是洁净的)。因此,他只拿来了茶叶和砂糖,把它们放在了我们身边,让那些穆斯林兄弟自己去准备茶水。

我们在牢房之间还相互走动,那些阿拉伯兄弟经常到我这里来,我也到他们那里去。有一天晚上,我恰巧到了奥瓦希扬那里。他很客气,还请我品尝那些他没有碰过的食物。

我非常在意牢房里的清洁。但是其他人都不太注意卫生。他们习惯随手弹烟灰并把烟头扔在地上。我用一些烟盒做了"烟灰缸",每当我看到有谁在吸烟,我就会把"烟灰缸"放在他的手下。但是,那人会用一种怪异的眼光看着我,然后把手拿到另一边去,不让烟灰掉到烟灰缸里!

## 单纯的囚徒

我在这个监狱里待了一个半月,在这期间,对我来说发生了一些令人哭笑不得的事情。在入狱后的一个晚上——那个时候我只能在牢房里度日,我听到了一些新人的说话声音,是德黑兰口音。我明白了这些是新来的"客人"。我从他们的话语中得知,他们是在几个小时之前才被捕的。其中的一个人掀开了我牢门上的小窗口看到了我,并问了我的姓名。我回答了他,对他说道:"我是马什哈德的一名宗教学生。"他们也向我做了自我介绍,还告诉了我他们被捕的原因。我明白了他们是巴扎里的一群年轻的小贩和商人。在斋月期间,他们去巴扎的大清真寺听革命演说了。在一次演说中,他们情绪激动,高呼起了口号,警察也就袭击和逮捕了他们,把他们关进了监狱。看到他们我很高兴,因为此时我还没有结识那些胡齐斯坦的朋友。几个小时之后,我又听到了他们被释放的声音。当他们离开时,我觉得我失去了什么。

傍晚的时候我做了礼拜,然后我坐在那里做礼拜后续的事情。就在此时,我看到他们之中的一个人掀开我牢房的小窗口说:"赛义德先生,我又回来了!"我问了他其他人的情况,他说:"他们都自由了。"我感觉到这个人跟他的朋友有所不同,他被关在了监狱里,而且关了很长时间。后来,当他们打开我的牢门,允许我随时进出牢房时,这个人便常到我这里来,跟我一起吃开斋饭。在和他的交往过程中,我发觉他非常简单直白,而与他相反的是他的那些狱友们,那些积极参与伊朗伊斯兰运动的巴扎上的年轻商贩们则都非常精明。

这个人出于单纯和轻信,要求监狱里的那些士官看守们释放他!尽管非常明显,这些看守没有释放他的权力,但是他仍然不依不饶地向他们提出请求，以至于可怜的士官们只好答应了他，说某一天会释放他！这时，我的这位朋友简直是喜出望外，他来到我这里，告诉我他们对他做出的承诺。他对我说:“我已经做好了在监狱外尽一切义务的准备!”

最终，我自由了，他仍然留在监狱里！我听说他在法庭上被判处一年或者稍微短一点的有期徒刑。

他的罪证实在是稀奇古怪，令人唏嘘。在他的笔记本上记有一联通俗的诗歌。诗的内容软弱无力，用词和修辞方面，也显得乏力和无价值，而且还有语法错误。这句诗是对礼萨汗的嘲弄和侮辱:

都在说从年轻人和老者
伟大的礼萨国王该死的

就因为这个臆想出来的罪过，可怜的单纯之人被宣判进了监狱！这一问题表明，法官和法庭的无能已经到了何种地步！

## 萨基士官

我前面说过,一共有五位带士官军衔的军人在轮流看守监狱。他们的负责人是萨基。在另外四个人当中,有两个人粗暴,态度蛮横。另外两个人则性格温顺,态度很好。萨基是一个身材魁梧、强壮有力的军人。他很自信,也很果断,意志力坚强,有个性,说话时波斯语里夹带一点突尔克语的口音。他是一名士官,但却对军官们发号施令,这一点我亲眼看到过。有一次,我被传唤到审讯室。审讯的人员拥有上校军衔,他在问我问题,我在回答他的问题。突然,萨基没有报告就擅自走了进来,并用命令的口吻对上校说话,语气犀利而坚决。

还有一次,我见证了他在军官中的地位。那是萨瓦克的首领帕克拉旺带着十几名校级以上的军官来察看监狱,在陪同他的人员中唯一张口说话的人就是萨基。当帕克拉旺来到我的牢房时,问了我一些问题,我也做了回答。这时,萨基也参与进来,他用手示意着我,用浑厚沙哑但很自信的声音说道:“将军! 这个犯人守纪律!”

萨基是一个勇敢且有气概的人,他尊重和喜欢每一个坚忍不屈的犯人。相反,他对那些软弱无能的犯人倒是一点也不客气。当他看到一个囚犯在求饶或者哭泣,就会羞辱他,斥责他,并数落起导致他入狱的那些事来。

有一位兄弟跟我说过很多关于这位士官的男子汉气概。他说:“我出狱后,萨基邀请我到他家里,我接受了邀请,并在他家里和他谈了很多问题。”

革命胜利以后,萨基也像其他政治犯监狱的工作人员一样被逮捕。那时我在革命委员会工作,委员会正在开会,有很多成员在场。我们收到了萨基被捕的消息,大家都受到了触动,因为我们中的很多人都有在红色城堡蹲监狱的经历,都认识萨基。我们当场达成了一致,决定写一个证明,在证明里表达我们对这个军人的满意,然后大家在上面签名。我们也就是这样做的。

关于我和扎曼尼士官的关系,我只说一下跟他的某一次交往。那是1351年[1]或1352年[2],我去探望关押在德黑兰的埃什拉特阿巴德兵营的哈希米·拉夫桑贾尼。埃什拉特阿巴德兵营也就是现的瓦里阿斯尔兵营,我和我妻子决定去看望哈希米先生。会见政治犯并非一件易事,但是我根据自己在监狱中的经历,和妻子顺利地完成了这次探视。首先是我妻子进入兵营,然后我也巧妙地跟着她走了进去。我们见到了哈

1 1972年3月21日至1973年3月20日。

2 1973年3月21日至1974年3月20日。

希米先生，当他得知我们是如何混到里面时，忍不住笑了起来。

在我与哈希米先生交谈时，我看到一个军人站在我们附近，他看着我并在微笑。我也用微笑回应了他。然后我看到，在我们整个会面期间，那个军人的脸上一直带着笑容，并用犀利的目光看着我们。后来，哈希米先生出狱后问我："你认出那位面带微笑一直看着你的人了吗？"我说。"没有。"他说："他是扎曼尼士官，很可能他认出了你。"

是的，我想他一定是认出了我。因为我在红色城堡监狱和他一起的时间有一个半月。但是，我却没能认出他，因为已经过了十年时间，他变胖了，脸庞也有了一些变化。他认出了我，但并没有表露出来，也没有说什么话！

## 著名的囚犯

我在监狱的那些日子里，得知国家的局势正朝着与执政当局意愿相反的方向发展。随着斋月期间一些清真寺里各种史诗般的伊斯兰活动的升级，当局进行了一波抓捕行动。

在这次抓捕过程中，我们的一些同事，如巴霍纳尔烈士，他在革命后于1360年担任总理期间[1]，在一小撮人民圣战者组织成员制造的爆炸中与总统拉贾伊一起遇难。另外，德黑兰的一些传教人员也遭到了逮捕。尽管这些人也被关押在红色城堡监狱，但是在监狱里并不存在与他们见面的可能，因为他们被关押在监狱的另一部分里。

监狱的负责人允许我们在每周的某几天里在院子里活动大约一刻钟，呼吸一下新鲜空气和晒晒太阳。当然，这个许可是在度过那些审讯的日子之后才有的。审讯日期的长短根据罪名的种类而定，有的可能持续两个月或者更长时间。

有一天散步的时候，在院子的一个角落里，我看到一个五六十岁的高大男子在从容不迫地走着，他那整洁的穿着和利索的脚步，说明他是一个身份重要的人。我向其他人问了他的情况，他们说他是加兰尼准将。加兰尼准将是国王军队中的高级指挥官之一，他从事革命活动，也许还有宗教活动。他以间接的方式与革命的宗教法学家米拉尼先生进行了联系，并向他建议了联合负责领导一场革命运动的方案。我以前也听说过这个方案，但是，我们并没有米兰尼先生对该方案

1　指1981年8月29日。当时，在伊朗总理办公室发生爆炸，伊朗的总统、总理等人在爆炸中身亡。

持何种立场的信息。然而，由于方案泄露、加兰尼先生被捕、他的亲信也是他与米兰尼先生之间的联络人被捕等这一系列事情，此事就此终结，他获得了三年有期徒刑。

加兰尼先生在伊斯兰革命胜利之前，被伊玛目霍梅尼任命为革命委员会成员，在革命胜利以后，他被任命为军队的联合参谋长，最后他被一伙邪恶的反动势力所杀害。

## 赛义德先生，我们同宗！

在某一天的中午，我做完礼拜之后一个人坐在监狱的走廊里吃午饭。我记得那一天的午饭是坛子肉。突然，有一个特工叫我，他说："他们让你去办公室！"我穿好外罩来到了监狱军官的办公室。当他看到我时说道："你自由了。收拾好自己的东西出去吧。"我怀着喜悦的心情回到了牢房。这种喜悦也伴随着一丝遗憾。遗憾的是我要与那些兄弟分开了，在日日夜夜的监狱生活里，经过贴心的交流，我跟他们已经处得十分融洽了。

我正在收拾自己的东西，突然听到监狱里的一个特工在大声地说××获释了。所有的犯人都从牢房里拥到了我这里，他们开始帮我收拾毯子和其他的东西，有些东西是德黑兰的亲戚带进监狱的，当然数量并不多。那个特工，拎起东西拿了出去。然后，那些阿拉伯兄弟聚集在一起，用阿拉伯人的方式开始告别，而且不断地重复："赛义德先生，我们同宗！"

几天以后，到了每周探监的日子。当然，我本人在狱中的时候没有跟外面的人见过面，因为我被禁止与外面的人会面。我买了甜点带去监狱，与那些兄弟见了一面，把甜点分给了他们。

## 出狱后会见伊玛目

出狱以后，我听说一些被关押在各个看守所的年轻宗教人士比我提前几天获释了，萨瓦克带着他们去拜见了伊玛目霍梅尼，当时他被强制关押在盖塔里耶地区。萨瓦克想通过这种方式来减轻这些宗教人士的愤怒。

我的心情非常激动，我对自己说我也请求真主，我也想去伊玛目的住地，他们应该允许我会见。

我得到了伊玛目的地址，向盖塔里耶那里走去。在那个时候,盖塔里耶还没有什么建筑,能看到那里有零星的几所房子。当然了,它现在已经成了一个人口稠密的住宅区。我靠近了伊玛目的住所。那些警察包围了整座房子,我对其中的一个人说道:“我刚从监狱里出来,我也想跟其他的囚犯一样拜会先生。”他们的意见出现了分歧,有人说:“这人就是一个普通人,吃力地走了那么远的路才来到了这里,我们让他进去吧。”另一部分人则表示反对。最后,他们达成了一致,允许我进去几分钟。

我敲了门。伊玛目的儿子穆斯塔法先生打开了房门。他见到我后一愣,非常吃惊地问道:“你什么时候自由的?”我说:“两天之前。”

我进到了一个房间里,看到了先生就在我的眼前。那种积压在心底的感觉顿时沸腾了!在伊玛目的面前,我的情感肆泄。我向先生汇报了他不在时群众和朋友们的境况,指出今年这个斋月没有取得任何成果,时间都浪费了。因此,应该从现在起为阴历的一月份制订一个计划。

几分钟之后,我从他的住所走了出来。

# 第九章

# 白宫

## 双重失败

在1346年[1]年初，我再次被捕入狱，这是我第三次进监狱。那一年对于伊朗的伊斯兰主义者来说是痛苦的一年，因为在那一年里，执政当局对宗教人士格外严厉。在我被捕的前几天，马什哈德最知名的宗教人士之一、今天[2]仍然健在的哈吉哈桑·库米[3]被捕并被流放到了扎布尔[4]。

还是在这一年，公历6月份[5]的失败——中东爆发了"六天战争"的悲剧，使虔诚的信士们伤心不已。在伊朗，最令我们心痛的是独裁当局报复性和诽谤性的宣传机构，它不断地对发生在阿拉伯民众，尤其是发生在阿卜杜勒·纳赛尔身上的事件表示高兴。我不会忘记《阅读》杂志上阿米拉尼所写的东

1　1967年3月21日至1968年3月20日。

2　2005年之前的某一天。

3　哈吉哈桑·库米(1912—2007)，马什哈德最知名的宗教人士之一。

4　锡斯坦-俾路支斯坦省的一个城市，位于伊朗东南部。

5　1967年的6月。

西。我在看守所里一直在看这个仇视之人的文章。他针对灾难性失败的那种讽刺语气和不加掩饰的幸灾乐祸，极大地伤害了伊朗的伊斯兰主义者和普通穆斯林百姓的心。

## 有的放矢的书籍

作为一个背景情况，我得说明一下，我于1343年[1]从库姆回到了马什哈德，并于同年结了婚。回到马什哈德之后，我便开始了一系列的政治活动。在马什哈德，我与各种运动人士、革命分子和反对当局的人，甚至还有年轻的宗教学生、普通的大学生都保持着连续而广泛的接触。

我们举行一些交流、研究、制订计划、教学和宣传的聚会，例如组织会议向年轻人传授与伊斯兰运动有关的伊斯兰教义。其他的革命活动就是与现已故的诗人古拉姆礼萨·古德希、塔达庸烈士及另一位呼罗珊人合作成立了一个印刷出版机构。

我们还将这个机构命名为“黎明社”，通过它出版了一些包含革命主题的伊斯兰书籍。之后，我翻译了赛义德·库特卜

1 1964年3月21日至1965年3月20日。

编纂的《伊斯兰世界的未来》。紧接着我们便开始忙着在著名的呼罗珊印刷厂印刷它。当这本书即将印完时，我与家人和亲戚一起从马什哈德启程开始了外出的旅行。

这次旅行是从1345年1月[1]开始的。那时我的儿子穆斯塔法刚出生四十天。我们去了德黑兰，然后去了库姆，从那里到了伊斯法罕。在返回马什哈德的途中我们又经过了德黑兰。当我们下榻在德黑兰的一家旅馆里时，传来了萨瓦克袭击呼罗珊印刷厂、没收所有的翻译样本和逮捕黎明社社长的消息。他们还告诉我说："萨瓦克正四处找你，想逮捕你。"过了一会儿，又传来了逮捕黎明社另外一名成员的消息。

我确信萨瓦克正在采取强硬的立场来认真对待这本书和它的译者。我把这事告诉了我的妻子和与我们同行的岳母。我建议她们先回到马什哈德，了解那里的情况，并通知我是留在德黑兰合适，还是返回马什哈德更好。于是，我单独一个人留在了旅馆的房间里。

几天以后，一位兄弟给我带来了这本书的五十本样书。很显然兄弟们感到了危险，在萨瓦克动手之前保存了这本书的一百本样书。

---

1 1966年3月21日至4月20日。

我对出版这本书感到非常高兴,因为我的第一部作品被出版了。印刷得很好,封面设计得很漂亮。我把一些样本分发给了一些朋友,然后将其余的寄存在了一位亲戚那里,并告诉他这些书是禁书,是危险的。

几天之后,一位朋友邀请我去一座清真寺,清真寺已经埋下了奠基石,但是还没有动工。这座清真寺的负责人想在阴历一月份使用那个地方,所以用铁皮把它围了起来,在上面还搭起了篷子,为礼拜和其他仪式之用做好了准备。我接受了邀请。

在那里,整个阴历一月上旬都由我带领大家做礼拜,做礼拜以后我便登台演讲。在我之后,另外一个人负责中旬,还有一个人负责下旬。这就是现在位于德黑兰大学附近的诺斯拉特街的那座清真寺,建成以后被命名为伊玛目阿里清真寺。

## 你被通缉了!

一天,我正走在德黑兰大学附近的一条街上,突然,迎面遇上了哈希米·拉夫桑贾尼先生。我看到哈希米先生惊慌诧异地看着我!他对我说道:“您怎么能这样走在大街上而不躲藏起来呢?!”

我说:“我为什么要躲藏起来呢?我是聚礼会的伊玛目,我要去清真寺登台演讲。”

他说:“你被通缉了!‘十一人小组’暴露了。奥扎里·库米先生已经被捕,我们在德黑兰也被通缉了。”他说他正在公交车上,看到我以后便下了车,想告诉我这个情况。

我说:“好吧,我们现在怎么办?”

他说:“我们今天就与该小组的一部分成员碰面,讨论该如何应对这事。”

我们约定的地点位于伊朗街,它是德黑兰市中心的街道之一。因为小组成员在德黑兰都没有住所,而我们又不想给任何朋友增添麻烦。

在伊朗街我们又见了面。我们一共四人:我、哈希米、易卜拉希姆·阿米尼和古都希先生。

几天前,萨瓦克传唤了古都希先生,就我们“十一人小组”的问题对他进行了审讯。对我们来说,了解审讯期间都说了哪些内容很重要,以便掌握该小组在萨瓦克面前所暴露的程度。我们会议的主要议题就是这个。

我们到处转悠,不知道应该选择哪里坐下来讨论这个严峻的问题。我们一致认为去瓦埃兹医生的诊所,他是一个虔诚的信士,是纳杰夫阿巴德[1]人,是阿米尼先生的老乡。他的诊所离我们所在的地方也很近。我们商量好了,就坐在诊所的候诊室讨论。因为坐在医生的候诊室里是很正常的事,不会引起谁的注意。

很不幸的是,诊所里没有一个人就诊,这让我们无法坐在那里。因为诊所里没有病人,就不可能有人等候。于是我们离开了诊所。

在这里,有必要插一句与这件事有关的事。这件事过去十二年以后,在革命胜利后刚刚几天,有一天晚上,我们在瓦埃兹医生的家里做客,穆罕默德·蒙塔泽里先生也在场。医生的家和诊所在同一栋楼里,而且相互挨着。我对医生说:"我以前见过这栋楼,但是没这么新。看来你又装修了,有些地方还进行了改造。我在1345年[2],也就是十二年之前,到过这栋楼。"

然后,我便把进入他的诊所和离开那里且不知所措及非常失望的经过对他说了一遍。让我没有料到的是医生脸上顿时出现的那种表情,他非常难过,哭了起来,还诅咒了自己,意思是为什么他的诊所没能让我们隐藏起来。他在不停地责备

---

1 伊斯法罕省的一个县,位于伊斯法罕市西部约30公里处。

2 1966年3月21日至1967年3月20日。

自己。我尽力让他冷静下来,并后悔自己说出那些话。当然我也没有其他的目的,只是想说一说与现在所处的这栋楼有关的一件往事而已。

让我们再继续说那件事的经过吧。我们离开了候诊室,我们当中的一个人建议去伊朗街附近巴胡纳尔博士家里,躲到那里去。我们去了那里,看到他妻子出去了,他一个人在家里。我们请他离开家,让我们单独待在那里。他同意了,他还告诉了我们煮茶的地方,然后他自己就出去了。

古都希先生开始说了起来,他向我们解释了他与萨瓦克的审讯者之间所发生的事,以及他被问到的一些情况。他说:"在他们临时拘留我的那段时间里,给我看了一份'十一人小组'的名单。"然后,他面对我说:"你的名字在名单的第一个!"

这是一个令人害怕的消息,因为萨瓦克很可能通过释放古都希先生来跟踪他,看看他都跟哪些人进行联系。总之,我们在这次会议上决定,每个人都应该想尽办法将自己隐藏起来。

我在德黑兰无法停留,因为我没有一个可靠的藏身之地。问题很严重,因为所有的人都已经暴露。小组的两名成员,也就是蒙塔泽里和拉巴尼·设拉兹先生已经被捕。当然,他们被捕并不是因为他们与小组有关系，而是因为另外的问题。最后，兄弟们决定所有的小组成员都要隐蔽起来。

## 从被通缉到被捕

我决定回马什哈德并躲藏在那里。我没有把自己的决定告诉任何人。我收拾好行囊，坐上了长途汽车，开始前往马什哈德。我自己也料想，很有可能我一到马什哈德，萨瓦克就会立即逮捕我。因为仅仅从我所提到的那本书来说，我现在也是处于被通缉的状态。考虑到这一情况，在汽车快到马什哈德时，在去往阿赫拉马德的岔路口处，我下了车。阿赫拉马德是一个美丽的夏日村庄，距离马什哈德约十个法尔萨赫[1]。我以前有很多次去过那里度夏。

春天还没结束，天气还没有热起来。为了抵达这个村庄，我穿过了山谷间大概有两法尔萨赫的无人小路。在这些谷地和山坳里，天要黑得更早一些。现在回想起那些时刻，我都感谢真主当时给了我那么大的勇气。因为在那条乡间小路上，

1　伊朗传统的丈量单位，1 法尔萨赫约等于6公里。

一切可怕的事情都有可能随时发生。

我以前在夏天时常去那个村庄,认识那里的一些住户。我曾看到那里的人很多,也很拥挤。但是这一次我到了以后,那里却非常冷清。因为村子里还很凉快,城里的人还没有去那里避暑。

我不想在村子里见到任何熟人,因此,我去了一家店主并不认识我的商店。我向他打听了出租屋的情况。他和我打了声招呼,然后便领着我去了他自己家里。我在他家住了一个或两个晚上,然而,我还是决定离开村子。因为陌生人在村子里很快就会被认出来。特别是当村子里没有其他夏天游客的时候。于是我离开了村庄,前往目的地马什哈德。

在马什哈德,我在父亲家住一晚上,再到岳父家住一晚上,因为我自己没有单独的家。我在两家之间的走动时间要么是黎明,要么是深夜,我就这样度过了三个月的时间。我的哥哥穆罕默德也是"十一人小组"的成员,他一直躲在我父亲的家里。

在1345年的夏天[1],哈希米·拉夫桑贾尼先生与家人来到了马什哈德。前面已经说过,他也是被通缉的人员。我们去

1　1966年6月21日至9月22日。

了一个郊区。对那些日子,我也有一些回忆,只是与我们的主题无关。

在马什哈德的这种躲藏生活令我感到了厌倦,我决定摆脱这种状态,我来到了德黑兰。德黑兰的城市规模大、人口密集,并且我在那里毫无名气,这可以让我正常地生活在那座城市。于是,我和哈希米先生一起租了一套房子。在那里我一直住到那年年底。

1346年[1]到了。我想,现在风声好像没那么紧了,我还是去马什哈德吧,只是不能出现在公共场合。我回到了马什哈德。但是像我这种人无法袖手旁观,不能无视社会上正在发生的事情。我经常去找米兰尼和库米先生,和他们讨论社会上存在的一些歪门邪道的事。

我从批评和查找问题的角度,询问宗教学者们沉默的理由。我鼓励他们对腐败的政权采取坚定的立场。显然,我的这些话都丝毫不差地传到了萨瓦克那里。我被捕以后才知道,大概是这两个人身边的人,将谈话的内容传了出去。

1346年1月14日[2],哈吉谢赫穆支塔巴·加兹温尼去世了。他是少有的长者,是一位有尊严、有学问,虔诚、奉献、苦行,受

1 1967年3月21日至1968年3月20日。

2 1967年4月3日。

人尊敬和敬畏的人。他甚至受到了米拉尼先生的赞扬。这是一个大的不幸事件,我无法待在家里。我是坚决参加葬礼的人之一。

当给哈吉谢赫穆支塔巴·加兹温尼下葬的人群散去以后,太阳刚刚偏西,我和我弟弟哈迪一起去了我父亲家里。在那些日子里,我母亲去朝觐了,我父亲一个人在家。在途中,萨瓦克的人员包围了我们。他们对我说:“走,到萨瓦克总部!”我说:“我不去。”他们让警察出面,将我和弟弟带上了一辆汽车。在萨瓦克总部,他们释放了我弟弟,让我留了下来。因为,他们的目标只是我一个人。

## 兵营中的囚犯

他们把我从萨瓦克大楼转移到了位于兵营里的一个军事拘留所,在哨兵中心的附近。因为在那个时候,马什哈德还没有一所专门关押政治犯的监狱。我第四次入狱也就是在这个地方。在那之后,他们为政治犯建造了一座专门的监狱,我第五次入狱就被关押在那里。

拘留所是一栋整洁的白色建筑,我们称它为“白宫”或“白色饭店”。在那个拘留所里,有几个单独的囚室和两个公共大厅。一个大厅用于关押普通士兵,另一个大厅用于关押带军衔的犯人。但是,如果犯人是军官,那就会给他一个特殊的房间。当然,与政治犯的牢房还是有所不同的,里面会舒适很多,房间的门也永远是不锁的。

囚犯基本都是军人。在他们当中,除了一位来自马什哈德的名字叫卡赛米的年轻商人,就没有其他的非军人了。这个年轻人看到我以后非常高兴。他被捕是因为他去伊拉克旅行回来时,携带了一些与伊玛目霍梅尼有关的书面材料。

在监狱里,有一名年轻的军官被指控杀害了他的妻子。他被关进了一个军官专用的房间,可以随时进出那里。有时,他会带着傲气,趾高气扬地走在监狱的走廊里,压根就不理会其他的犯人。我和卡赛米被关押在单间里,而这些单间并不像军官的房间,因为里边没有任何的舒适设施,更像是一个笼子。其余的囚犯都在那个公共大厅里。

两个单间牢房的门都没有上锁,因此,我和卡赛米还可以见面,尽管有时我们会遭到警卫的大声呵斥和阻拦。

在这里我应该指出，五十年代[1]之前，政治犯监狱的情况与之后的情况大不相同。因为之前的条件是犯人们可以相互走动，可以在一起阅读、写作，可以随身携带一些书籍、文具和收音机，尽管有时因为一些监狱负责人的严厉也会遇到一些困难。然而，到了五十年代，这种情况已经是不可能了，或者说几乎是不可能了。

## 狱中的侯赛尼讲坛

在我入狱后的最初几天，阴历1387年的一月[2]到了，卡赛米跟着我在监狱里组织起伊斯兰宗教仪式，他鼓动囚犯们做集体礼拜。我是被监禁军人的聚礼会伊玛目，礼拜之后，我给他们讲经，对他们进行传教。卡赛米也跟着我做礼拜，并吟唱哀悼的挽词。

这种情况持续了几天晚上。一天夜里，负责监狱的军官走了进来，他看到被关押的士兵们正站在一个政治犯的身后做礼拜！他本指望当自己进入监狱时，士兵们早已准备好用

1　1970年3月21日以前。
2　1967年4月12日至1967年5月10日。

军礼的方式迎接他,但是所有的人都朝向麦加方向,没有一个人搭理他!这一幕令他难以接受,他愤然地离开了监狱。

礼拜结束以后,监狱的一名负责人来到我跟前,对我说道:“你没有权力带领大家做礼拜,也没有权力给军人们讲话。”他们这项禁令对我是有利的,因为军人们和我更加同心同德了。我告诉他们:“你们每晚都要做礼拜,并阅读《真主胜利之处》[1]那本书,书中包含了对伊玛目侯赛因进行革命的分析和卡尔巴拉的烈士们的生平。”

## 儿子没有认出我来!

有一天,他们把我两岁的儿子穆斯塔法带进了监狱。一个士兵跑过来对我说:“他们把你儿子弄来了。”我朝监狱的门口望去,看到一名军官抱着穆斯塔法朝我走了过来。我把穆斯塔法接过来并亲吻了他。因为我长时间离开他,这孩子竟然没有认出我来!他绷着小脸,皱着眉头,吃惊地看着我!后来就哭了起来,哭得还很厉害。我怎么哄都没能让他安静下

1 作者为帕尔维兹·胡尔散德,创作于伊斯兰革命胜利(1979年2月)之前的几年。

来。于是,我又把他交还给了那个军官,让他把孩子还给未被允许进来探视我的妻子和家人。这件事对我的影响很大,以致几天以后,我的心里依然很难受。

## 不完整的日记

在这所监狱里,我开始每天写狱中日记。可是我没能坚持多久,因为我感到心里很累,很难受。受这种影响,我放弃了写作。我在这个监狱里写的最后一句话是:“从今往后,我不再写日记,因为它又能有什么用处呢?!”

今天我再看那些日记时,对我自己没有继续写下去而感到了遗憾。因为与我的想象相反,它们并非没有用处。

就是在这座监狱里,我开始翻译赛义德·库特卜《伊斯兰教与文明的问题》这本书。我翻译了这本书的大部分内容。但是由于心情不佳,长时间待在狭小黑暗的牢房里的不愉快,单调、机械的生活状态,我未能完成全部的翻译工作,也未能为其写个前言。这成了个半拉子活,直到我在第四次蹲监禁期间才对其进行了完善。因此,翻译该书的工作是从一个监狱里开始，在另一所监狱里结束的。

在这个监狱里所写的日记，部分记录了军人中存在的道德败坏现象，即他们当中一些人的低劣道德行径和对士兵的粗暴之举。

日记中还记录了一个军人囚犯的情况。令人欣慰的是这位军官具有宗教意识，喜欢完成宗教仪式。许多人被关押以后往往会信仰宗教，注意礼拜。正像伟大的真主所说的那艘船一样："当他们乘上船的时候，他们诚恳地祈祷真主。"[1]

1 《古兰经》第29章第65节，马坚译，1981年版。

# 第十章

# 破旧的地毯

## 巴勒斯坦之声

1349年[1]，在有人向萨瓦克提供了大量针对我的情况之后，我又被捕了。在那年夏天的一个夜晚，我正在收听巴勒斯坦之声的广播。那些天恰好赶上“黑色的九月”，悲惨的巴勒斯坦人民在约旦遭到屠杀。这是一件大事，是一个巨大的惨案。面对这种情况，我们除了怀着无比沉痛的心情收听巴勒斯坦之声，了解最新的屠杀消息之外，也做不了什么其他的事情。

我还记得在那一天晚上，广播报道了亚西尔·阿拉法特从约旦向在开罗召开的阿拉伯首脑会议发了电报。我把广播员不断重复的电报内容还抄写了下来。我仍然记得这封电报中的一些句子，因为它对我产生了强烈的影响。1359年[2]，当亚西尔·阿拉法特来到德黑兰时，我还向他背出了其中的一些内

1　1970年3月21日至1971年3月20日。
2　1980年3月21日至1981年3月20日。

容。比方说这个句子:“一片血海,两万人死伤。”亚西尔·阿拉法特补充说:“实际上是两万五千人死伤!”

就在我边听边抄写电报内容的时候,突然,我的弟弟哈迪惊慌失措地赶到了我那里。他说:“你在这里坐着呢?”我说:“那我应该在哪儿呢?”他说:“他们没有来抓你?”我说:“你都看到了,我不是就坐在你的对面吗?!”

他坐了下来,深深地吸了一口气,说:“我刚才在古哈尔沙德清真寺,当我听到一个人(我弟弟没有说出他的名字,是敌视伊斯兰运动并支持专制政权的一个人)说‘赛义德阿里·哈梅内伊已经被抓了’时,我拔腿就赶到了你这里。”

当我弟弟确信我在家之后便离开了。这件事让我的脑子里有些混乱。但是我没有太把它当回事。第二天的上午，我习惯性地去了我父亲家里，因为我每天都去探望他。我和他在一起待了有一个小时，讨论了宗教法学方面的问题。我就坐在他的身边。这时，有人敲门了，我母亲去开的门。过了一会儿，她慌慌张张地走了回来，说道：

“两个萨瓦克来了，打听你在哪儿。”

“您怎么回答的？”

“我说你不在这儿。”

“妈！您为什么要说谎呢？”

“他们都是狼，要想办法躲开他们。”

于是，她便用诅咒的语气，将自己的愤怒和仇恨都撒在了他们的头上。

我父亲也受到了影响，那种悲伤的情绪和影响在他的脸上显现了出来。他用一种不满的语气对我说道：“发生什么事了？你怎么又把自己弄得被抓被审的了？”

我想尽量安慰父母，不让他们担心。我对他们说道：“他们好像是走错门了。不会有什么事的。”

我说完之后，脑子里一闪，想到那两个萨瓦克一定会去我的家里。我必须赶在他们之前回到家里并把情况告诉我妻子，以免她猝不及防。我告别了父母,迅速地离开了那里。回到家以后,我看到一切都很正常,没有人来过。我把刚才发生的事情告诉了妻子。

## 感谢我坚强的配偶

从感激的角度,哪怕少说一点,也得提一下我妻子在我生活中的作用。

首先得说,她,拥有冷静而坚强的性格。因此,即便是我们家被暴力的武装人员侵犯过无数次,我在她面前被逮捕过很多次,甚至在三更半夜他们为了逮捕我而冲进家里对我进行殴打——我在后面将会详细描述,尽管是这样,我也从未在她身上看到过软弱、沮丧、痛苦和畏惧。

她总是精神饱满,带着刚毅的笑脸到监狱去探望我。在那些探望当中,她给了我信心和勇气。当我在监狱的时候,她从来没有给我带来任何令人不高兴的消息。我从不记得,比方说,她告诉过我哪个孩子生病了,或者说一些关于家庭、亲戚和父母等的令我不快的事。

我还必须提一下她在革命之前对艰辛生活的极大忍耐，以及在革命之后，她对俭朴生活的继续坚持。

真是感谢真主，我们家到目前为止，一直是在远离即使在普通人家里也能见得到的生活的奢侈和世俗的浮华。而在这件事上，我的妻子功劳最大，扮演了最重要的角色。诚然，我是以这种方式开启了自己的生活，也引导了我的妻子朝这个方向发展，使这种精神在她身上得以再生，但是，我必须坦诚地说，她在这一方面远远地胜过了我。

关于这个正直女人吃苦和虔诚的画面，我脑海中有许多许多，有些画面并不宜描述出来。让我举一个可以说出来的例子吧，那就是她从来没要求我给她买哪怕是一件衣服，只有家里不得不买什么衣服的时候，她才会提醒我一下，然后她自己去购买。

她从来不为自己购买首饰。她有一点首饰，那是从她娘家带来的，或者是一些亲戚送给她的礼物。她把它们都卖了，把卖的钱都花在了主道上。她现在连一件首饰，甚至一枚普通的戒指都没有。我记得有一年在马什哈德，她卖珠宝首饰。冬天到了，天气已经变得特别寒冷，人们为了取暖而去购买一些燃料。在那个时候，燃料都是木炭。在那种情况下，一些虔诚的信士来到我的家里，给我一些钱让我买木炭，然后发放给有需求的人。我通常是从木炭商店买木炭,然后再通知那些有需要的人到木炭商店去领取。

在那一年,富人们并没有来找我,而来找我的都是些穷人。通常在这种日子里,为了能拿到一点木炭,他们会去敲宗教人士的家门。但是在那一年,这些人失望地离开了我的住处,这令我非常伤心。

我的妻子见此情景,建议我把在我们某个孩子出生时她哥哥送的手镯卖掉。我表示了反对,但是她仍然坚持。我拿起手镯,想尽可能地卖一个合理的价钱。金匠们通常是按重量购买金子,不计算制作它的手工费。巧合的是,一位邻居朋友来到了我们家。我向他解释了事情的经过,并请他尽可能地卖得高一点。他去了,卖了一千多个土曼。他还对我说:"我再给你添上这么多。"于是,我们凑了一份不少的钱。我用这些钱买了木炭,我妻子的担心也消除了。

按照阿拉伯诗人哈蒂埃的说法:

他们的双亲是那么和蔼善良
对待客人也犹如父母般慈祥

## 我还以为你家里有家具呢!

远离奢侈的生活用品,对我的生活产生了极大的影响。正是这些不必要的过度奢侈品,把人们拖累成了奴隶。诗人说得很对:

执迷地心系于生活中毫无价值的事物
令男人变得脆弱套上了被奴役的桎梏

我还想跟您说的就是拉巴尼·阿姆拉什先生,他是我的亲密好友。有两年的时间,在库姆神学院的一些课程上,我们两个是辩论对手。有一年夏天,他也来到了马什哈德。那时我住在马什哈德,也有了自己的房子。但是在那一年的夏天,我有几个星期的时间不在家里,住在离城市比较近的度假村里。在马什哈德,度假村里的生活既方便,花销又少。在暑假时,宗教学生可以用很少的费用住在那里,它的花销可能比在马什哈德的生活成本还要低。

我对拉巴尼先生说，你可以住在我的家里，每周除了两天以外，家里都没有人。我把这两天让给了从伊朗各地来的年轻人，他们在那里聚会，从早上到中午都会在那里。我把家里的钥匙递给了他，然后我就离开了。几天以后，当他再见到我时，在对我表示谢意之后，又对我说道："我还以为你家里有家具呢，我不知道你把家具都弄到度假村去了，否则我就去住饭店了！"他用一种很不见外的语气，唠唠叨叨地对我家里缺东少西的情况表示了不满。我明白了他的意思，对他说道："我从家里除了拿几条毛毯、几个碗盘和勺子，其他什么都没拿。"他感到很不解，吃惊地看着我说："你说什么？！"我说："是的，这些就是我所拥有的东西，我的所有家当就是你在房子里所看到的那些东西，我没有其他的物件了。"他皱起眉头，晃了一下脑袋，显得非常疑惑，并对自己的抱怨表示懊悔，同时向我说了一句同情的话，我现在还都记着。

## 比地毡还廉价的地毯

我再举一个我们家日常生活中与地毯有关的例子。我们家里也像大多数伊朗人的家里一样，也铺有地毯。但是我发现这地毯也是多余的，所以我就把它们卖掉了，只在我妻子的会客室保留了两块。我对自己说：这两块就算作她的嫁妆地毯吧。当我决定卖掉那些地毯时，我向她的家人隐瞒了这件事。她的兄弟和她的舅舅们都是做地毯生意的，我知道他们不会允许我这样做。我找了一位哥们儿，他叫萨法里扬，到麦加朝觐过。他现在还住在马什哈德。我对他说："你把这些地毯拿去卖了吧，然后给我买一些同样数量的地毡就行。"

伊朗的地毡便宜，也没有那么厚重。他说："好的。"然后他就去了，并拿回来了一些地毡。他把三个房间都铺上了地毡，还剩下一些。那三个房间所铺的地毡可能不超过九块，多出来的有十四五块。我对我的一位学生，也就是卡米亚伯烈士说："你坐哈吉萨法里扬的车，然后把这些地毡发给我们的宗教学生。按照他们的需要，每个人给上一两块。"于是他就按照我说的去做了。也许，这些地毡现在还在那些兄弟的家里呢。

当我妻子看到我那样做时，唯一对我说的就是："你为什么在我的房间里还留下两块地毯呢？"

我说："这两块地毯就权当是你的嫁妆吧。"她说："不，把它们也卖掉吧。"我又告诉了哈吉萨法里扬，他来了以后把那两块地毯也拿去卖了。然后,我们把两条机织的化纤地毯铺在了我妻子的会客室里。在那个时候,我们认为这种机织的化纤地毯比地毡更好。后来,我妻子把那两块机织的化纤地毯也卖了。直到今天,我们家里所铺的东西就是前面所说的那九块地毡。当然,还有一个例外,因为很有趣,后面我再详细说它。除此之外,在我们家里绝对没有一块真正的手工地毯了。

我们卖掉地毯以后,我妻子的舅舅和她的兄弟们来我家,当他们看到我们那样做之后,感到非常惋惜,并责怪了我。他们说:"手工地毯是耐用的,地毡会磨破会烂掉的。干这种事,并不是追求什么简朴,明显是在败家!"我对他们说:"首先我觉得,简朴不能用买地毯和不买地毡来概括和衡量。再一点就是,我这样做是因为某些人把我视为他们的榜样。因此,我更喜欢在地毡或机织的化纤地毯上生活。"

他们其中的一人说道:"有些地毯比地毡还便宜。为什么不买那种地毯呢?"我说:"还能找到这样的地毯?"他说:"是的,有一些地毯,卖地毯的人管它叫秃毛地毯,是一种多处的绒毛都已经磨光了的地毯。你要是愿意,就买这种地毯吧。"于是,我去买了两块秃毛地毯,现在还在呢,这就是我前面所说的那个例外。这两块地毯现在都在我的办公室里。我现在所住的房子有两层，一层是给家人用的，我在楼上有一间办公室，一间休息室，还有一个大间是书房。这两块有历史的地毯就铺在书房的地面上。

有趣的是，在我担任总统期间，我住在议会后面的一个小房子里，那两块地毯也在那里。一位朋友来到我们家看到它们以后，问我的孩子们："你们为什么把地毯倒过来铺啊？"孩子们笑着告诉他："没有倒着铺，这就是地毯的正面！"地毯上的毛掉得太多了，那些经纬线都露了出来，让他以为我们把地毯铺反了！

就像我所说的，一些与我们家有关的事，我都不愿提起。我想重复的是，我们之所以这样，不仅是因为高贵的真主馈赠给我们的恩典，也是由于我这位贤惠妻子的缘故。在世俗的奢侈和生活的极欲面前，拥有她这种眼光，需要有伟大的精神力量，而真主也给予了这个女人这种力量，当然，我们也分享了这种馈赠。在我面临那么多困难的情况下，包括监禁、酷刑、流放和暗杀等，在她的脸上我从未看到任何的悲伤或憔悴的迹象，反而是我自己从她的信心与决心中获得了继续前行的鼓舞和能量。

即使是我的母亲那么有耐心，有洞察力和韧性，也没有像我妻子这般坚忍和顽强。我母亲勇敢无畏，她鼓励我继续奋斗，甚至在我第一次从监狱出来时对我说："儿子！我为你感到骄傲,我祈求真主让你在这条路上取得成功。”但随着我入狱和被拘留的次数越来越多,她心碎了,对我在监狱和看守所度过青春而感到了伤心,并用抱怨的口气对我说话。然而,我从来没看到过我妻子的软弱、失去耐心和焦虑。

## 《伊玛目哈桑的和平》一书

每当我有可能被捕时,我都会收拾一些必需品,为进监狱做好准备。我会换好衣服,修剪指甲,把胡须理短。我从父亲那里刚返回自己家里,便把这些事情又做了一遍。

当时,我满脑子都是没有翻译完的《伊玛目哈桑的和平》这本书,我正忙着翻译它。出版商也很想尽快出版它,他从我手里拿走了一些译好的书稿,交给了印刷厂,不久便给我寄来了印好的样本让我校对。因此,书的一部分已经在出版。还有一部分也已经翻译好,需要润色,也有一部分还没有翻译。

我开始忙于整理、编排和归拢那些手稿,以便等我进了监狱,需要哪一部分时能够准确地拿到它。因为我觉得他们或许会让我在监狱里完成我的工作。

接着，我们吃了午饭。我们还做了中午和下午的礼拜，之后就是坐等萨瓦克的到来。我的妻子太困了，她睡着了，睡得很实。

我走进书房，把一些可能被允许在狱中阅读的书籍整理出来。就在此时，我的脑海里闪过一个念头：我为什么不躲藏起来呢？为什么不把自己藏在一个安全的地方而完成这本书呢？完成之后，无论发生什么，都由它去吧。我几次求助于《古兰经》，看到的经文都是鼓励我隐藏。比如这一章节："我的确为记忆我的主而喜好马队，直到它们被帷幕遮住了。"[1]

我开始对手稿进行打包。我叫醒了妻子，跟她说了我的决定。她高兴地问道："躲到哪里去呢？"我说："我也不知道。但我想把这本书翻译完。"她为我的平安做了祈祷。我跟她做了告别。尽管我的家有可能被监控了，但我还是走了出去。我没看到有什么人。

我去了我的诗友、现在已故的古拉姆礼萨·古德希的家里。当他看到我在这么热的中午敲他的家门时感到很惊讶。我把事情的经过告诉了他。他表示了欢迎，说很高兴能见到我。因为他和我一样，也在为伊斯兰而感到心忧。他劝我留

1　《古兰经》第38章第32节，马坚译，1981年版。

在他家,在那里把工作做完,但是我没有同意。我说:“我无法忍受被四堵墙围起来的生活,我想去一个可以活动的地方。”我让他把我的朋友贾法尔·库米请来,一起商量我隐藏到哪里的事。这位朋友也关注伊斯兰运动,多年在漂泊流浪。

贾法尔先生来到了古德希的家里。经过协商考虑之后,我们决定留在马什哈德附近的度假村阿赫拉马德。为了离开马什哈德,我求助了《古兰经》。为了去那个地方,我也求助了《古兰经》。两个求助的结果都很好,都令人欣喜。

我曾说过,我的一个亲戚有汽车,他也来了。贾法尔先生坚持要跟我在一起,不想让我孤单。在那里我停留了一个月或者更长的时间,我翻译完了这本书,并把它寄到了德黑兰,以便让侯赛因·纳耶里·德黑兰尼先生出版它。

我从阿赫拉马德又返回到马什哈德,开始了我的正常生活。我四处走动,还去参加集会。我没有感到有人在跟踪我。我自己想,也许他们已经取消了拘留我的打算,何况激怒他们的那个问题并不重要。因此,我开始放下心来,把躲藏的事也放到了一边。

然而,我的这种猜想显然是错误的,因为萨瓦克在7月份[1]又来了,他们逮捕了我。这是我在这个月份的第三次被捕。因此,我把这个月份称为“敌对”之月!

1　1970年9月23日至10月22日。

# 第十一章

# 军事法庭

## 狮子般的母亲

在这个月的某一天,我正在我父亲家里吃午饭。还有一些宗教学者作为客人也在那里。当时,我是带着四五岁的儿子穆斯塔法一起去的。我把穆斯塔法放在了我母亲那里,然后就到外面的屋子去找我父亲。在通常的情况下,宗教学者的房子即使再小,也会分为两个部分:一部分是供客人使用的外间,另一部分是供家人使用的内间。每一处都有一个单独进出的门。

我们正在和客人一起吃午饭,我的一个弟弟走了进来,他说:"萨瓦克的人进到家里了!"

我向他们迎面走去,不想让他们进入客人的房间。我看到我母亲在院子里,站在两个萨瓦克特工的面前与他们争论。她穿着穆斯林的服饰,戴着面纱,像狮子一样站在那两个人的前面。那个萨瓦克,特别是跟我母亲吵架的那一个,是萨瓦克中有名的审讯人员，革命胜利后，他被处决了。

从我母亲与萨瓦克的争执中，我明白了萨瓦克的特工是想从内屋的房门进入，但我母亲阻止了他们，说赛义德阿里不在这里！无论他们怎样努力都没能进到屋子里，母亲堵住了他们并关上了门。然后他们又敲了另一扇门。我弟弟不知道门外是谁，他走过去开了门。于是，他们就进到了家里并跟母亲吵了起来。当他们看到我从屋里出来并向他们走去时，其中的一个立即对我母亲说道："这不就是赛义德阿里吗！你为什么说他不在这里？"但是，我母亲并没有退缩，用很激烈的严词回应了他们。

我对萨瓦克的审讯人员说："你们知道这位女士是谁吗？"我很敬重地提起了母亲的名字，然后转身对她说："妈，让我自己来跟他们说吧，就不用劳驾您了。"然后我对萨瓦克的特工说："你们想怎么样？"他们说："你必须跟我们走！"我说："我早就准备好了。"我的儿子穆斯塔法在整个过程中一直在惊恐地看着这一幕。我跟他说了再见，把他交给了我母亲。我跟母亲也说了再见。

当我们正准备离开时，其中的一个特工在回应我说我母亲的一句话时，说了一句侮辱性的话，我马上对他做出了严厉的回击。

他们把我带向了萨瓦克的大楼。

## 在审讯室里

他们把我带到了队长的办公室，那是一个豪华的房间，沙发时髦整洁。在房间的尽头是一张大桌子，桌子前坐着队长。他按照萨瓦克头目们的习惯，为了打心理战而低着头，佯装在看摊在他眼前的那几页纸。为了回应他，我也像往常一样，坐在了一张软椅子上干起自己的事情，显示我丝毫没有把他放在眼里。

当他看到心理战没有奏效，便抬起头来问道："你是谁？"当然了，他完全认识我。我对于他来讲，能是他不认识的人吗?！我回答了他。他说："奇怪！哈梅内伊先生，你到哪儿去了？"从他问话的语气里，我意识到萨瓦克的信息并不准确，他们以为我躲起来了，不知道我已经回到了马什哈德，也不知道我住在单独的家里，而是认为我住在我父亲那里。那个嗜血的独裁政权的情报部门以及他们的情报工作，就是这么一个德性。

他开始用谴责呵斥的口气对我说话。我有时同样激烈地回应他，有时根本不理他说了什么，坐在那里一言不发。这时，一个审讯人员手里捧着一摞厚厚的档案，走进来站在了那个队长身边。他打开档案，用手在上面指指点点，那个队长则用点头的方式，表示对他读到的东西印象深刻并非常恼怒。

他们两个的表演再明显不过了，其目的就是想制造紧张和引起恐惧。接着，那个队长抬起头来，非常“气愤”地对我吼道：“把他带出去！”

他们把我带到了一个房间，一些萨瓦克特工围成一圈站在里面。他们把我置于中间，开始对我进行侮辱。我之前也经历过类似的场景，这一次我早已准备好面对他们，并且要更强烈地回应他们。当然，直到那个时候，他们还没有对我进行肉体上的折磨。

我还记得一个穿着便服，拥有上校军衔的萨瓦克，他的绰号叫“内沙特”。他对我说：“你想干什么？你以为你能干成什么？你看看侯赛因国王都做了哪些事。尽管他软弱无能，但是，他在一天之内就杀死了五千巴勒斯坦人！而我们凭借自身的实力和权威，可以轻易地杀掉五百万人！”

我很吃惊他能说出这种话来，因为他说的数字太夸张了。也就是说，他要么是无知和被骗，要么是想欺骗我。不管怎么说，这都显示了他的无能。以上是第一点。第二点，人们不会将这种话说给一个除了笔和讲坛而一无所有的宗教学生。是的，如果我是一个拥有上百万人的运动组织的领导者，那么他对我这样一个人进行威胁，说能杀死五百万人还是有意义的。但是，当我处于这种状态，这个男人的话唯一的意义就是凸显他比我还要无能得多。事实上，从性格和逻辑这一点看，他们都很脆弱。当然，他们不但脆弱，而且还很疯狂！而疯子是可能突然袭击并杀死其他人的。我是从脆弱、低贱和无知的角度来看待萨瓦克特工的。因此，出于以上我所说的各种原因，我还是有点害怕他们。

他们搜查了我身上的衣兜，没有找到什么有价值的东西，然后就离开了房间，我单独在那里待了有一个多小时。这时，他们其中的一个人返了回来并对我说道：“跟我走！”

我被带上了一辆汽车,汽车开向了另一栋楼房。当我到达那里时,发现它正是我三年前蹲过的监狱。我从那里的白墙认出了它。这就是那个我们称之为“白宫”的监狱。现在,我也只能是:

尽显荣恩赶紧落驾

此屋就是你的新家[1]

他们把我推进了一间牢房里。

在监狱里,也有一些比较成熟和识时务的中士,他们聚集在牢房的门口,向新来的犯人展示自己的礼貌和善意。当然,牢房的门是锁着的,不允许我到外面去。

几天之后,我想到了完成赛义德·库古特卜所写的《伊斯兰教与文明的问题》这本书的翻译工作。我在第三次蹲监狱时翻译了这本书的四分之三,然后,我把剩下的四分之一,也就是没有翻译的书稿交给了我弟弟哈迪。我向弟弟要了他对这本书的译稿,对它进行了校对,让它与前几章译文的风格一致。

于是,我翻译了这本书的最后一章,从表达方式和对西方

1 哈菲兹的诗句。

文明进行批评的角度来说，这是强有力的一部分。我为这本书写了一个不错的前言。在前言里，我使用了一些新的解释和术语。为了使它们与其他部分有所不同，我将它们放在了括号里。我还对书的第一页进行了调整。这项工作大约持续了一个月的时间。之后，我把全部译稿都交给了我弟弟哈迪，并附上了出版者的名字。

也是在那些日子里，他们告诉我谢赫拉齐·亚辛所编著的《伊玛目哈桑的和平》一书的译本从印刷厂出来了，这是我从阿拉伯语翻译过来的，里面包含了对伊玛目哈桑和平观的历史性分析。后来，他们还给我拿来一册它的样本，我对其非常满意。

## 自相矛盾的热爱

我入狱两周之后，我听到一名中士在监狱里高喊："好消息！好消息！阿卜杜勒·纳赛尔死了！"而这个消息，对于我来说却是非常不幸的。

在这里，我必须指出很有趣的一点，我和进行抵抗的伊朗伊斯兰主义者都曾面对过它，那就是我们都既非常喜欢赛义德·库特卜和他的革命运动思想,又非常喜欢杀害他的凶手贾迈勒·阿卜杜勒·纳赛尔！当听到赛义德·库特卜被处决的消息时我哭了,而当听到贾迈勒·阿卜杜勒·纳赛尔去世的消息时我也流泪了。

我们倾心于赛义德·库特卜这件事是很明确的,不需要理由解释,因为这个人借助于他的文学之笔,用一种充满活力、革命性和具有广阔视野的方式,对伊斯兰和他自己充满《古兰经》光辉的思想以及实践中的苦难艰辛进行了表述。其结果是穆斯林对自己的宗教感到了骄傲和自豪,并且意识到自己的身份远比日常所忙活的事务更加重要。

在《古兰经》注释中,他用充满活力的伊斯兰语言在表达,让任何教派的穆斯林都找不到那些话与自己的宗教信仰之间存在着冲突。当然也有例外,他的某些东西与那些认为伊玛目阿里是完美无瑕的人的信仰还是相抵触的,有他自己杜撰的地方,例如关于禁酒一节降示的原因。然而,我是原谅他的,尽管他不相信伊玛目阿里是绝对正确的人,尤其是他在戒酒令之前。总之,他的虚构叙述表明,他对伊玛目阿里的认知还不完全到位。

但是,我们对阿卜杜勒·纳赛尔的热爱则是出于心理原因而不是意识形态。在伊朗,我们曾经历过可怕而普遍贬低宗教和宗教人士的傲慢过程。这个过程对青年人和知识分子的精神失败产生了诸多影响，而他们都见证了世界霸权的强大。在这种充满失败的氛围中，在面对西方和美国的侵犯面前，任何起来战斗并坚定地反对上述强权的声音，我们都拥护它。

阿卜杜勒·纳赛尔就属于发出此类声音的人。当我们听到他所面对的是世界上所有的暴君时，我们感到了扬眉吐气，我们充满激情而热切地通过“阿拉伯之声”（电台）去收听他的演讲。我们拥护任何一种摆脱可恨的殖民统治者套在伊斯兰乃至整个第三世界身上的枷锁的实际行动。因此，我们对亚洲、非洲和拉丁美洲的一切革命都表示出支持和同情。

我还记得，当我听到利比亚发生革命的消息时，我立即在一次演讲中支持了这场革命。鉴于利比亚从砸碎伊德里斯[1]这一我称之为“魔鬼政权”的枷锁里得到了解放，我向革命者表示了祝贺。后来，当我见到哈希米·拉夫桑贾尼先生时，我得知他也在自己的聚会上对利比亚的革命进行了支持。

我们从内心的深处希望恢复被暴君蹂躏了的信心，恢复被独裁者践踏了的尊严，这种强烈的愿望在激励我们采取这种立场。

---

1　伊德里斯国王，第一个也是唯一的利比亚国王，1951年至1969年在位。

除此之外，在我们的脑海里，阿卜杜勒·纳赛尔的名字是与扬眉吐气和坚忍不拔，是与我们的阿拉伯穆斯林兄弟对犹太复国主义及地区反动势力进行抗争相连的。尽管我们对他将自己拖入与伊斯兰主义者的冲突之中而感到难过。

与此同时，国王的宣传机构被鼓动起来在伊朗制造针对阿卜杜勒·纳赛尔的敌意。当听到阿卜杜勒·纳赛尔去世的消息和看到那个士兵宣布他去世的方式时，我感到非常痛心。那个士兵对这个消息感到了高兴，而实际上，他不但不知道自己为什么高兴，也不知道阿卜杜勒·纳赛尔是何许人也！他只是也仅仅是被国王的宣传机器所迷惑而已。

当时，我有一台小收音机，它是我在那些不太严厉和好说话的看守们换岗时拿到手的。在蛮横的看守面前，我便把它藏起来，因为监狱里通常是禁止使用收音机的。听到阿卜杜勒·纳赛尔去世的消息后，我的工作就成了收听"阿拉伯之声"。在那些天里，对我最大的安慰就是这台收音机播送的经文，我现在仍记忆犹新。

比方说，我记得埃及那些著名的诵经师，例如：阿卜杜勒·巴赛特、穆斯塔法·伊斯梅尔和马哈茂德·阿里·班纳。他们在念经时，有人念了这段内容：

> 有许多先知，曾有些明哲和他们一同作战，那些明哲没有为在主道上所遭遇的艰难而灰心，懈怠，屈服。真主是喜爱坚忍者的。[1]

他念完之后，还不断重复了这一节的有些内容。我在《古兰经》的背面写下了诵经师的名字。

每当夜幕降临，我便开始聆听"阿拉伯之声"的《古兰经》诵读，直到节目结束。然后，我再到其他的波段去寻找诵经的节目。

## 以你祖宗的名义发誓，我杀了你！

我在前面提到过，那个军人之所以在听到阿卜杜勒·纳赛尔去世的消息时感到了高兴，是因为特殊的宣传控制了军队。我再说一件事，它更能清楚地体现当时统治者对军队心态的管控。

1　《古兰经》第3章第146节，马坚译，1981年版。

在这所监狱的囚犯中，有一名来自阿塞拜疆省[1]的操突尔克语的中士，因为一些琐碎之事被判处了六个月的监禁。他被允许在厕所附近的一小块空地上摆摊向犯人卖茶水！我用突尔克语和他交谈，因此，我们之间开始熟悉起来，并相互建立了一种好感。

军人们经常围在他那里喝茶。我当然不会去参加，因为我是不能离开牢房的，而且我也不想去那个不合适的场合。尽管如此，我仍然是那个中士的客户之一，他会把茶水端到我牢房里来，我则给他现钱。于是，"囚犯"、"共同的语言"和"信誉良好的客户"，这三个因素构成了我和他之间的关系。

一天早上，我和其他的囚犯在外面的空地上——有的时候会允许我们晒晒太阳，我通常是坐在监狱院子的一个角落里，那些军人囚犯往往围坐在我的周围。于是，我便用各种方式，例如讲故事、说新闻和提起一些有趣的典故来活跃气氛。

我突然想跟这人开一个玩笑。于是，我对他说道："如果萨瓦克命令你杀死我，你怎么办？"他立即用果断的语气说道："我以你祖宗的名义发誓，我杀了你！"他以我的祖先发誓，是因为我的黑缠头，他知道我与先知的亲缘关系。我说过，我们之间有很多的共同点，但尽管如此，他还是一本正经地说道：

1　伊朗西北部省份，有东阿塞拜疆和西阿塞拜疆两省。此处作者并未明确是哪一省份。

“我杀了你!”这就是当时对军人成功洗脑的一个例子。

在这一期间,一群年轻的高校学者被投进了监狱。这是当局首次逮捕马什哈德的高校青年学者。我从这一现象意识到社会上出现了新的动向,这让我很高兴。我很想知道监狱外面正在发生什么,但是,我没有任何途径。

当他们把这些年轻人弄进监狱以后,需要占用我的牢房。于是,我被带离了那里。他们把我放进了监狱大门旁边一个探视囚犯的大房间里。在这个监狱里,牢房的数量较少。再一点就是我已经在牢房里待了两个月或者更长的时间,在他们看来,也没有必要让我在那里再待上更长的时间。

## 麻古特

我在牢房里时,在把我转移到大房间之前,斋月就到了。这个月的到来令我沉浸在了喜悦之中。因为我从小就喜欢这个月。在这个月里,日常生活的面貌会发生根本的改变,把斋的人会有一种特殊的精神享受。

斋月的第一个白天结束了,开斋的时间到了,但是他们没有给我拿吃的来。因为在军队和军队的监狱中,斋月里并不完全开门。我做了礼拜,开始徜徉在对这个月份的回忆里,特别是回想起了开斋时把斋人的快乐。在那个令人愉快的时刻,在餐桌前坐在家人的身边,眼前是沸腾的茶饮,还有那些为开斋而准备的小吃和甜点,所有这些,我都回想了起来。

特别是我想起了麻古特,它是马什哈德的著名食物,好像也是那里特有的小吃。对于开斋饭来说,这是我最喜欢吃的食物。麻古特是用水、淀粉和砂糖做成,并以特殊的方式烹饪。我妻子不但擅长烹饪其他食物,也很擅长制作这一点心。突然,我回过神来,并请求真主的宽恕。也许是饥饿在我脑海里激起了那些记忆,也许是孤独的原因,无论如何,我还得等待。

黄昏过后半小时,我拿到了一杯茶。又过了一段时间,他们给我送来了开斋饭,因为太难吃了,所以我一点胃口都没有。然而,我还是勉强吃了一些,并把剩下的留作了封斋饭。在天亮之前,我把那些剩饭也艰难地吃了下去。这个食物太差了,隔夜之后就更不好吃了。斋月的第一天就这样过去了。

第二天,看守通知我说有人给我送东西来了。我拿到手后打开了它,发现那正是我最喜欢吃的开斋食物,共有好几盘子，足足够几个人的饭量。这是我妻子准备的，而且还送进了监狱。也是在这一天，他们从家里给我送来了茶具。这是一顿美味可口的开斋饭，我留足了自己吃的，把其余的送给了其他的囚犯。这件事每天都在重复。

斋月的晚上，我有了念经、祈祷和赞主的机会。我记得在开斋节的晚上，我做了副功拜，在第一拜中先念了“开端”章[1]，后念了一千遍“忠诚”章。

这是我在监狱里的第二次斋月经历。我第一次入狱时，在监狱里度过了半个月的斋月时间。在这次入狱期间，我在里面度过了整整一个斋月。在第五次入狱的时候，也是一个完整的斋月。所有这些虽然包含了艰辛和困苦，尤其是稍后我还要提到的第五次入狱的情况，但它对于我来说也是机会，对磨炼我的意志，让我纪念真主，思考《古兰经》经文及其崇高的意义，都是极其有益的。我在这个监狱中所写的日记大部分都与斋月有关。

在这所监狱以及之前的那所监狱里，我在光天化日之下见证了军人囚犯的道德沦丧。这种灾难表明，这不仅仅是对他们疏于管理和满不在乎，而且还存在着一个阴谋。虽然不

1　《古兰经》第112章，马坚译，1981年版。

经过严格的检查和管控这一关口任何东西都进不了监狱，然而，我看到了毒品是怎样在军人囚犯之间传播的！

有人告诉我，在低级军官的监狱里有人喝酒。在这个监狱和以前的监狱里，我看到过他们将“大麻”作为毒品服用。他们吸食，旋转，处于类似于昏死的状态，嘴里还不停地胡言乱语。

一个健康的年轻人进入这些监狱之后，会被迫堕落。因为这些监狱像一个粪坑，除非是被真主怜悯的人，否则无论是谁掉下去都会变得腐朽和臭不可闻。再说了，这里还是军事监狱，受制于严明的纪律。现在你想一想吧，非军事监狱又将会是一个什么样子呢！

鉴于这种状态，我在监狱里进行着努力，尽量在这被彻底污染的环境里，拯救那些尚可救药的人。斋月之前不久，我把囚犯召集在一起进行了劝导，提醒他们要记住死亡、后世和终审时的情况。他们向我保证在斋月里进行把斋。第一天他们真的把斋了，第二天他们也坚持到了中午。但是，由于受监狱腐败气氛的影响，他们的意志坍塌了，我的劝导影响也到了尽头，他们破了自己的斋戒。我在日记里记录下了谁在第一天把斋，谁坚持到了第二天的中午！

## 在军事法庭的辩护

在这个监狱里，我的案件被提到了军事法庭。军事法庭就在兵营的内部，我与这个法庭的关系一直持续到我监禁结束。要么是法庭传唤我回答问题，要么是我写信向法庭提出抗议，而这样的结果就是法庭因为回应我的抗议而再次对我进行传唤。

我抗议我不能被保释。而法律是允许这样做的。我抗议他们不让我会见来探视我的家人和朋友。我不仅抗议他们的审讯程序，而且还抗议他们把我关在了单人牢房。我明知法庭不可能满足我提出的任何要求，但是，我还是要对他们的违法行为表明我的立场。

我还记得，有一天法庭的负责人在回应我的一个请求时说："我必须得请示萨瓦克！"当然，这句话是他无意之中从嘴里冒出来的。我对他的表现感到了惊讶，立即用他那句话来反驳他："法庭怎么可能会受控于萨瓦克？"他马上改口，开始夸耀和念起马什哈德萨瓦克首领的好来！

审判的日子确定了。我索要了我的案件材料，想为辩护做准备。法院为我指定了一名军人辩护律师。但我知道他的辩护是表面的，是形式的，不可能对审判的结果产生影响。我自己写了一份三十页的辩护词。

开庭当天，我走进了法庭。法庭里，庭长、两名法官、一名检察官和一名律师已经就位。他们都是军人，肩上别着锃亮的军衔，胸前挂有明晃晃的徽章，都神气十足地坐在那里。我用铿锵有力的声音读完了自己的辩护书。我的这份辩护与我在上一个监狱里的辩护一样，仔细地引用了具体的法律条款和内容，形式上也调整得更加合乎逻辑。

他们没有料到会从一个宗教学生的口中听到这样的发言，或者会看到我能持有这样的立场。因为在他们的眼里，宗教和宗教人士的形象早已是固化了的，是落后和扭曲的。我从法庭成员的脸上看到了他们流露出的钦佩神色和相互交换的眼神，那眼神富有表现力并且意味深长。在休庭期间，他们对辩护的措辞、内容和表达的质量都流露出了由衷的赞叹。

庭审结束以后，他们要求我离开法庭到外面去等候。我心情焦急，度日如年地等待审判的结果。审判当天恰逢家人探视囚犯的日子。我的家人也来看我了，他们正在监狱的大门口外等候。因为法庭在兵营的中间位置，离大门口比较远。我的家人一直等到中午，有的人先回去了，有的人留了下来。

当然了，判决结果已经下达，但是必须打印在特殊的纸张上，然后才能在法庭当着审判员和被告人的面宣读。我在等待正式宣判。

办公的时间结束了，一名法官走了出来，他走到兵营的门口时，看到一家人在等着会见囚犯。当他得知他们是我的亲属之后，便告诉他们我已经被释放了。因此，在我听到法庭的宣判之前，他们就已经知道了结果。

家人等得比较久了，兵营的一名哨兵对他们说：“你们走吧，等他被释放了就会出来的。”于是，他们便离开了那里。

下午两点的时候，他们把我叫了过去，宣布了法庭的判决结果，刑期比我在监狱里待的时间还短。他们决定在成立二审法庭之前先释放我。因为二审法庭通常是在一审之后一个月才开庭。

法庭审判长下了命令，让那些看守士兵枪上肩，表明现在跟他们在一起的已经不是囚犯，并且还让他们协助我办理出狱的一些琐碎手续。我回到了房间，之前我已经说过，它靠近监狱的入口处。天黑一个小时以后，我收拾好自己的东西，跟那些囚犯说了再见。

当时恰好是冬季，天很冷，晚上则更冷。在兵营的门口，我看到有几个年轻的亲戚开着一辆汽车在那里等我。他们把我的东西拿了过去。我正想上车，一个军官走了过来，说："你不能走，跟我来！"他让我上了一辆载有几名士兵的汽车。在路上我明白了，汽车正朝萨瓦克的大楼开去。

难道我从兵营中获释只是一个表面形式？他们是想带我去萨瓦克那里，然后再从那里去德黑兰吗？当汽车在阴暗寒冷中驶向我未知的命运时，这样的疑问在我的脑海里在反复出现。

在萨瓦克的大楼前，他们让我下了车。我在第三次和第四次入狱时所认识的那个审讯人员加赞法里向我走了过来。他用傲慢和阴险的语气对我说道：

“你怎么来了?”

“我没想来。是他们把我带到了这里。”

“现在我们下令释放你,走吧!”

我不想知道他们的这种行为是出于什么目的。我来到了漆黑寒冷的大街上,想找一辆车送我回家。如果我手里还拿着自己的那一堆东西,晚上这个时候待在大街上则会更加困难。好在我在兵营的大门口把东西交给了来接我的那几个年轻人。

突然,一辆汽车停在了我的眼前。我仔细看了一下,他们就是在兵营前等我的那几个年轻人。我明白了他们从兵营到萨瓦克大楼一直是跟在我的后面,在等待命运和事情的结果。

我回到了家里,看到我妻子坐在那里,眼睛盯着大门在等我。孩子们已经等累了,都睡着了。

## 好友的奇怪行为

我不会忘记,就在我返回家里的那个晚上,为了礼拜和拜谒伊玛目礼萨的陵墓,我去了古哈尔沙德清真寺。因为已经很晚了,清真寺的院子里几乎没有什么人了。但是,我从远处看到了我的两个朋友,同时也是我的同学。我对其中的一个还抱有特殊的好感,因为我们两个人长得很像,不认识我们的人甚至会以为我们是亲兄弟。这种偶然的相遇令我感到非常高兴,没想到会在这里遇到熟人。我带着激动,想上前见一见监狱将我们隔离开来的朋友,我朝他们走了过去。我本以为他们一看到我也会向我走过来,因为,经过这么长时间的分离,他们见到我也一定会很高兴。

我向他们走了过去,靠近了他们。当我准备向他们打招呼时,我看到他们把身子扭了过去!隐约之中我听见一个人对另一个人说道:“他现在出狱了,说不定还在被跟踪呢,我们离他远一点!”他们的这种态度深深地刺痛了我。一个像我这样刚刚从监狱里被释放几个小时的囚犯,怎么能接受朋友,尤其是那些在原则上同样关心伊斯兰事业、有希望和有理想的朋友,如此来对待自己呢!

事实上,我在很多宗教人士面前都遭遇过这种情形!而与此相反的是,当我进入监狱被当局迫害时,那些年轻人,包括宗教学生、普通高校的大学生,则更多地聚集在我的身边,并加入了我的行列。

## 宗教人士的立场和斗争

在这里，我必须简要提一下宗教人士与伊朗斗争舞台上那些活跃分子的交往情况。

伊玛目霍梅尼通过领导现代历史上最伟大的革命从而使其前辈们的斗争取得了结果，在这个过程中，他推翻了该地区最傲慢的依靠世界上最强大势力的暴君，并宣布在伊朗成立了伊斯兰政权。如果宗教学者都像他一样那也没有什么稀奇，因为他们是先知的继承者和历史的改革者。但并非所有在伊朗从事宗教事务研究的人都同样具有这种责任感和使命感。其中有很多原因，在这里就不适合展开讨论了。

他们中的一些人只是采取支持和认可伊斯兰活动的立场，但是他们自己并没有进入战场。一些人则完全是中立的！他们对伊斯兰运动既不叫好，也不说坏。当然还有一些人，在伊斯兰运动的活跃者面前持有负面立场。这种消极态度有的激进，有的隐晦。他们这些人在谈到关键的问题时，会质疑伊斯兰运动，有些人的想法有理由，有些人的则毫无根据。

我想起了一个事件,在这里说一下也不错。记得在1355年[1],在古昌[2]发生了很大的洪水,我参加了市里的抢险救灾工作。在这一过程中——现在不宜详细描述它,古昌的负责人命令我立即离开那座城市!当警察将他的命令告诉我时,我正在市里大清真寺的一个门廊里,我们已经把那里变成了一个存放捐赠物品并向灾民发放的大仓库。

把物品堆放得整齐而有序,像我们这样非专业的救济人员,很少有人能完成这样的工作。我去了仓库旁边的一个房间,谢赫扎比胡拉和他的一些朋友及同伴都在那里坐着。我用一种苦涩无奈且充满担心的语气对他们说道:"他们命令我离开这座城市。"所有人的脸上都露出了不快的神色。但是只有一个人,也就是当我出狱以后在礼萨陵墓的院子里看到的那两个人当中的一个,当他看到在场的人对我表示同情时,立即说道:"这种人也不是来救命和救灾的,只是一个腐败分子和破坏者!"他们当中的某一些人,对伊斯兰舞台上活跃者的憎恨程度已经到了这种地步!

1 具体指1976年4月21日。
2 距离马什哈德约120公里的一座城市。

## 二审法庭

在可以改判的法庭，也就是二审法庭开庭之前，我必须完成一系列的应对手续。为此，我不得不前往军队的法院。在跟踪办理这些手续时，我看到军队法院办公室里的一名年轻军官不断地注视着我，好像有什么话要对我讲。

当我走近他时，他说："我想告诉你一件事。"

我说："请吧。"

"你不能再像一审时那样说话了！如果他们看到你有一定的高超智慧和能力，会更加严厉地对待你。你就装作是一个简单和受骗的人，这样对你会更有利一些！"

我谢过他之后就走了。实际上，我自己又何尝不清楚，我不能再以那种方式在傲慢地鄙视宗教学者的法庭上展示自己了。当我进入二审法庭的大厅时，我又看到了那位年轻军官，他是法庭的书记员！

这个法庭的庭长是一位知名人物，之前担任过总检察长，后来成为法院院长。他提了很多问题，问了我对各种事情的看法，我都一一做了回答。然后，他向坐在两边的顾问团成员说："这个人需要蹲十年监狱,以便有时间来研究、撰写和编纂他的材料!”

我说:“我们确是真主所有的,我们必定只归依他。”[1]

当然,他以上那番话是从开玩笑的角度说的。然而,他开玩笑的内容却证实了那位年轻军官的意见和建议。

这次审判维持了一审法庭的裁决。

在我获释以后没过多长时间,还是在7月,我再次被捕!我第五次进了监狱。我第四次被捕是在1349年的7月2日[2](伊斯兰阴历1390年七月二十四日),第五次被捕是在1350年的7月6日[3](伊斯兰阴历1391年八月七日)。

1 《古兰经》第2章第156节,马坚译,1981年版。

2 1970年9月24日。

3 1971年9月28日。

# 第十二章

# 第十四号牢房

## 暗语

在1350年夏天[1]一个炎热的夜晚，我陷入一种非常难受的境地，我也找不到是什么原因。于是我便求助于真主，开始阅读一些东西。然而突然停电了，那些年的大多数日子都是如此。那种悲伤的感觉更加沉重了，我感到无比的压抑。我想到外面去走走，但是又懒得出门。家里也没有预备一盏停电时用的灯。我真不知道在这种黑暗之下该做些什么。就在此时，突然有人在敲门。我按照以往的习惯，在没有问门外是谁的情况下就去开了门。原来是我在德黑兰的一位朋友。

这一及时的相见令我打心眼里感到了高兴。我对他热情相迎，但我发现他并不怎么高兴。我没有在意这些，让他赶快进到了屋里。这时我注意到我的朋友有一个快速的举动，他把手伸进衣兜，从里面掏出了一个什么东西！这个动作曾经是我与一个秘密武装组织成员之间进行联络的暗号，我与该

1　1971年6月22日至9月22日。

组织的主席和其中的一名成员有过联系。该组织发布的出版物和声明,在发放之前我都要过目,以便对它的政治方向和取向有所把握。

## 组织暴露了!

看到这个动作让我更加高兴了,我兴奋地对他说道:

“你来之前我的心里很焦虑。你来得太是时候了,照亮了我漆黑的夜晚。”出乎我预料的是,他说道:

“你会更加焦虑和悲愤的!”

我并没有过多地去想他的话是什么意思。我让他坐了下来,给他泡了一杯茶,然后我惊讶地问道:

“你也是组织的成员?”

他马上回答说:

“别出声!家里可能安有窃听器。”

听到他的话我有点吃惊,我半开玩笑地说道:

“我只是一个宗教学生,谁会到我家里来安装一个窃听器呢?”

“不,问题比你想的要严重,我会详细向你解释。”

然后,他让我准备一小块面团,想用它堵住屋子里墙上插座的插孔!

我既惊讶又担心,给他拿来一小块面团。当他把那些插孔都堵上以后便坐了下来。我急忙问道:

“快说,发生什么事了?”

他低着头,沉思了一会儿。然后抬起头说道:

“一切都完了!”

“什么意思?你在说什么?”

“组织暴露了,兄弟们都暴露了,有的人还被捕了。”

后来我才知道,跟我联系的那两个人并没有被捕。他继续说道:“是他们派我来的,来请您销毁家里一切与组织有关的东西。”然后,他详细地告诉了我那些寄给我让我审查的出版物:“这个销毁,那个保留,这个寄送给德黑兰的××。”

我问他:“你能把它们带到德黑兰吗?”

“不行!只能你自己寄,用你自己的特殊渠道寄!”

我坐在那里,一脸愁容地看着他,他则还在提醒我必须做的一些事情。悲伤占据了我的内心世界。他就在我这种心态之下,离我而去!

## 他们洗劫了我的笔记和教案

这件事发生在仲夏时节。又过了一些日子,秋天到了。反动当局开始忙着为帝国2500周年的庆典[1]做准备!安全形势更加严峻了,对伊斯兰主义者的施压力度加大了。

7月[2]到了。库姆的一位宗教学者带着他的家人来到了马什哈德,成了我们的客人。一日,我和他正坐在书房旁边专门招待客人的房间里,房间的门是关着的。我们的眼前摊着一张餐布。突然,门铃响了,片刻之后有人在敲门。

我起身去开了门,看到是我妻子。她说:“萨瓦克们在门外呢!”我对她的话感到有些奇怪,问道:“你从哪儿知道他们是萨瓦克的?”她很肯定地说道:“一定是他们。”或许她是透过门上的毛玻璃看到了他们的影子。但是,影子也不能体现一个人的特征啊。我妻子用认真而完全自信的口气重复说道:“我确信他们就是萨瓦克!”也许,她是有什么预感吧!

我出去打开了院门。我看到,是的,他们是萨瓦克的一些特工。当他们看到我的那一刻,顿时大笑起来。也许他们以

1 指1971年10月12日至16日举行的纪念居鲁士建立帝国2500周年的活动。
2 1971年9月23日至10月22日。

为我逃跑了或者躲藏起来了，而现在落入了他们手里！因此他们看到我以后都很兴奋。他们涌进屋子里，穿过走廊来到了它的尽头。首先引起他们注意的是书房，他们冲进书房，开始翻腾那些书籍，好像在寻找什么东西。其中一人把书房里所有的散页和小册子都集中在了一起。在这次袭击中，我的许多笔记和所写的东西都遗失了，甚至连一页都未能幸免。

我站在那里看着他们。我对自己说，但愿他们只搜查书房，别去客房，不要对我的客人造成恐慌和骚扰。我正在这样期待时，其中的一个人打开房门，走到客人身边坐了下来，问了他一大堆的问题。

他们翻查了所有的书籍，然后又搜遍了整个屋子。我还记得，其中一个人还靠近我儿子穆支塔巴的摇篮，那是一个可爱、无辜的十来个月大的孩子。他看着孩子，在为他感到难过！然后，他们把我连同那些散页和笔记一起带出了家门。他们让我上了一辆汽车，然后便朝萨瓦克总部的方向驶去。萨瓦克的总部迁到了一个新的地方。

我在萨瓦克总部的一个房间里坐了大约有一个小时，没有人问我什么。然后，他们蒙上我的眼睛，把我塞进一辆没有车窗的汽车里，驶向了一个未知的地方。

## 马什哈德的政治犯监狱

汽车行驶了一段时间以后停了下来，他们让我下了车，并取下了蒙在我脸上的毛巾。我看到了一个顶棚高大宽敞的建筑，很像是一个仓库，沿着它的四周还有几个小的房间。后来我发现，它是位于马什哈德兵营尽头的一个大型马厩的一部分,我之前也曾被拘留在这里。

我穿过了仓库。在它的尽头是一扇大门,通向另一个大的仓库。在这第二个仓库的中央有一栋很长但较低的建筑,它长约二十米,宽约五米半。在它长度方向的两侧,每一侧都有十扇小门,这是一些在这个旧建筑里改造而成的新牢房。

我之前说过,在马什哈德没有专门的政治犯监狱。我第三次和第四次被捕后被关在兵营里的监狱,在警卫中心的附近。那一年,在兵营的尽头为政治犯建造了一座监狱,还单独给它开了一个大门。

总共有二十间牢房。在两座仓库的两侧,都各有水龙头和简单的小厕所,看上去比较简陋。他们把我关在了第四间牢房里。在此之前我从未见过这么小的房间:一个小正方形,长宽各一米半,里面既没有透气孔也没有电灯,一片漆黑。囚犯只有在牢门被打开,或者当看守或监狱的某个负责人想与囚犯说话而掀起门上小窗口的帘子时,才能看到光亮。

## 提高囚犯的精气神

他们给了我两条毯子。太阳快落山了，空气变得越来越冷。我还没有做礼拜，我向他们提出要去做小净，他们允许我去水龙头那里做小净。我经过那些牢门时感觉到里面有囚犯，并且还感觉到这些囚犯正设法通过门缝或小窗口的缝隙在观察我。当我经过一扇门的前面时，听到了一声低沉而颤抖的声音，他说我是××。

我明白了他是我的一个战友，跟我是同一天或者是在前一天被捕的，直到那一刻我还不知道他被捕的消息。我已经感觉到犯人的士气很低落。于是我开始大声跟看守说话，让囚犯们都能听到我的声音并振作起来。

例如，有一次我问做小净的地点在哪里，还有一次我问做礼拜的方向。我还记得，当我问做礼拜的方向时，其中一个回答说："角落的方向(即牢房的角落)。"我大声说道："是的，牢房的角落始终是朝拜的方向。"这暗示着，对关注真主的虔诚信士来说，牢房的角落就像《古兰经》所说的位于炎热干旱和贫瘠之地的麦加和禁寺一样，总是能让人想起真主的大名。

一个看守要求我把缠头摘下来，我没有同意。他说："监狱的规定和要求是这样。”我说:“我不承认那些规定。在以前的监狱里,我也从来没有把缠头交给过任何人。不信你可以去问问你的领导。”

我在说这些话时,尽量提高了嗓门,让牢房里的囚犯都能听到我的声音。我想使他们振作起来,因为言语通常可以使受到惊吓的心安静下来。在宣礼、念赞词、鞠躬和跪拜的时候,我也会提高自己的嗓门。当我做完礼拜之后,我又回到了自我,并陷入了深深的思考:他们为什么逮捕我?逮捕我存在很多动机,但是哪一个动机让他们逮捕了我?他们发现了什么问题?

我召开过很多次秘密会议,我在写课程教案时给学生开过会,我会把那些教案的内容解释给他们听并让他们拿去复印,那些内容涉及革命和伊斯兰运动,我们从中得到了革命的运动思想。

有一次会议有六名宗教学生参加,另一次会议有三名宗教学生参加,还有一次只有一名宗教学生参加。这名学生是阿富汗人,后来他被杀害了。大批的阿富汗宗教学者被阿富汗政权杀害了。

我还与宗教学校及大学的青年们召开过秘密会议,跟商人们也召开过。除了秘密会议,我还做过其他的工作。在那些工作中,我与一些宗教学生讨论过政治形势,针对那些形势采取了必要的措施,比如出版一些刊物,向库姆发送一些出版物,或者从库姆接收一些出版物等。

正如我所说的那样,我还与一个反对国王当局的秘密武装斗争组织有过联系。说真的,是不是其中的某一个会议内容被泄露了?还是我的被捕与我所教授的阐述伊斯兰概念的公共课程有关?

越来越让我担心的是那些秘密会议。因为在安全部门那里,你没有任何理由能为这些会议进行辩护。我请求真主宽恕,我相信真主,并向他寻求庇护。在房间里,我环顾了一下四周,我的记忆把我带回到了以前的监狱。我发现自己已经习惯了监狱的氛围,也适应了它里面的环境。在此之前,我还没感觉到这座监狱与以前的监狱有什么不同。

## 禁止戴眼镜!

又过了一些时间,一个看守过来叫我收拾东西。他把我带到了对面的十四号牢房,它比前一个牢房稍大一点,但是却更加黑暗，里面黑得连手中的念珠都看不清楚！第二天，我熟悉了监狱的日常事务，每天为三顿饭打开三次牢门。还有一次开门是为了打扫卫生，他们给囚犯一把笤帚让犯人自己打扫牢房。

第二天的上午也过去了。我吃过午饭睡了一会儿。醒来以后我喊了看守，他来了。我对他说："我有一些钱，请你帮我买一个西瓜吧。"他说："可以。"过了一会儿，他给我抱回来一个西瓜。我问他："你有刀子吗?"他说："有的。"他拿着刀子进到了牢房里。当然按照监狱的规定，这样做是绝对不可以的。因为犯人可能会利用这个机会夺过刀子并用它刺杀看守。

但是，这个看守与我之前在其他监狱里所遇到的许多看守一样，没有想过像我这样的人会做出那样的事。当看守在忙着切西瓜时，一名萨瓦克特工恰好从门前经过，牢房的门是开着的，他看到了这一幕。他非常愤怒，把看守叫了过去，对他进行了训斥，并告诉他这种行为存在着哪些危险。最后他对看守说："把他眼镜摘下来！监狱里禁止戴眼镜！"

看守把我的眼镜拿了过去，锁上了牢门。

当牢房的门开着时，我看到监狱走廊里的情况有一些不寻常，在之前的几个小时，里面并没有这样的走动。走动的响声在牢门关上以后还能听到。牢门开合的响声不断地传到我的耳朵里。就在我仔细辨别这些声音时,突然从远处传来了一声惨叫,从那声音可以判定有人受到了严厉的酷刑。

没过多久我明白了,有一个男人在被拖向牢房,他不停地发出痛苦的哀嚎。我试着透过门缝看了一下,我的目光落在了一个我所认识的学生身上。当时他的胡须被剃光了,行刑人员在拖着他。他已经被折磨得无法走路了!

## 在受刑床上

又过了一段时间,一个行刑人员打开了我的牢门并问道:“你是××吗?”我说:“是的。”他说:“跟我来!”我跟着他走到仓库的尽头,然后走到角落附近的一个房间,我走了进去。房间里有六七个人,我没有认出他们,因为他们拿走了我的眼镜。我感到了危险,出于习惯或者本能,我开始以攻为守,抗议他们拿走了我的眼镜:

“你们为什么没收了我的眼镜?我不戴眼镜什么都看不清。”

我的抗议声还没落地,其中的一个人便走上前来。当他靠近我时，我认出了此人，他是在之前的监狱里审讯过我并把我的材料报告给法庭的人。在审判我的法庭上，我在未提及他姓名的情况下，对他进行了谴责，进行了攻击。比如我说道："这份报告的起草者是个愚蠢的人！"这个人在革命胜利的前夕被群众亲手处决。他走到我跟前，用嘲弄的口气对我说道：

"你以为这里是法庭，会允许你这样说话吗？"

然后，他用非常粗暴的声调开始说话，在用戏弄的口吻学我说话的同时，朝我的脸上猛地就是一拳。我控制住了自己。但是，他又打了第二拳，将我彻底打倒。我倒在了房间里靠边的床上。我想站起来，但是，其中一人对我说道："别动！你倒得可真是地方！"

我明白了，这是一张上刑用的床。他们把我的腿绑在了床上。各种粗细不同的鞭子从顶棚上悬挂下来，有一两个手指那么粗，或者是更粗一些。其中一个人挑选了一条鞭子，开始打我的双腿。他打累了，另一个人接过鞭子，也打累了。第三个人也开始打了起来。他们就这样轮番地殴打我。

他们每个人都有休息的机会，唯独我没有。他们甚至不给我一点喘息的机会！那种情形是难以形容的。我对其中一些人的恶毒感到了惊讶。举起鞭子打我是他们的职责，这是一件正常的事，他们有责任那样打我，打得我在他们面前站不起来，所以，他们连续殴打我也是很自然的事。可是，其中一人显示了他特殊的恶意：他用一只手举着鞭子，用另一只手把鞭梢扯到脑后拉好，然后再进行抽打，以便让他的心里感觉更过瘾一些！

在用鞭子抽打期间，一个人走到我的头顶方向，让我谴责某人或伊斯兰运动，我表示了反对。于是，他们便一直打我，直到我失去了知觉。

在这段痛苦的真实经历中，我意识到打脚掌是最难以忍受的摧残之一。因为在你失去知觉之前，他们的抽打可能会持续数个小时，而这对人的精神会产生可怕的打击。我听说这些施虐者都被以色列的所谓专家亲自培训过，所以，他们在刑讯逼供方面都很专业，对自己的工种也很在行。

有趣的是，在经历第一次肉体折磨之前，在与朋友的专门会议上，我还跟他们谈过酷刑的方式和如何应对的办法，并跟他们说过在监狱中如何进行绝食的事。有一次我说："我的绝食不会持续太久，我被上刑的时间也不会持续太长。因为，如果我绝食，我会因胃溃疡而很快生病，会被从监狱送往医院，所以绝食很快就会结束。另外，我被上刑的时间也不会太长，因为我的身体很虚弱，我很快就会陷入昏迷的状态，因此上刑也会停止！"在那次会议上，一名参会者用手示意了一下，意思是他们会往我的脸上泼一杯凉水，我会清醒过来的！

在这第一次肉刑的经历中，我亲眼看到了那个朋友所说的情形。我感到自己正在晕过去，马上就要从这个地方去往另外一个世界了。就在这时，我突然看到一个上刑的人手里拿着一个杯子，正在朝我的脸上泼水。当我刚一清醒过来，他又把剩下的水泼到了我的脚上，想抽打得更疼痛一些！

## 可爱的牢房

一切事情基本都是如此，无论是折磨、痛苦，还是快乐，都有它结束的时候。这一次的折磨也结束了。他们松开了我的双腿，我站起身来，跌跌撞撞的，根本无法行走。我的两条腿彻底肿了，全身都在疼痛。其中的一个人对我说道："回你的牢房吧。但是，我们还会把你弄回这里，直到你认罪为止！"

当我回到牢房走进里面时，我感到了一种无法形容的舒服！有一种安全感和踏实感。在经历了刑房里惨绝人寰和令人憎恶的酷刑之后，现在围住我的四堵冷墙和进来以后关上的牢门，都给我带来了一种心理上的宽慰！

我真的得感谢真主,他把这个通常是一个令人孤独寂寞和背井离乡的牢房变成了平和与安宁的地方。我坐在地上,伸直了不再受折磨的双腿,在没有刺耳的污言秽语的情况下,把头靠在了墙上。我感到了万分的幸福!

他们为了从囚犯的口里弄到消息,会施加各种压力。例如,他们会给犯人一些白纸,让他以问答的形式写下自己的供词。他们会强迫囚犯写东西,囚犯千万不要问:“我应该写什么?”在这种情况下,他们会殴打他,侮辱他,会对他说:“写!写!写!”如果一个囚犯只写了两三页,审讯者接过去以后,会轻蔑地看着它,然后当着犯人的面把它撕得粉碎,命令他再多写一些!

我无法描述酷刑的所有细节,因为它已经超出了所能表达的范畴。解释它,也没有那个必要。因为它是带来痛苦和不安的东西,还是先拉上这痛苦的一幕吧。让我们再来看看一个有趣的能给人带来安慰的场景,它对于那些想吸取教训的人来说,里面有值得借鉴的东西。

## 昨天的看守，今日的囚徒

革命胜利[1]五六个月以后，在一次出差中，我从德黑兰来到了我的家乡马什哈德。那时，我是革命委员会的成员，是革命委员会在国防部的代表，也是伊玛目在国家多个组织中的代表。

经过多年的被欺压、被迫害和被侮辱，我带着伊斯兰和穆斯林的尊严，带着奋斗者的骄傲，进入了这座城市。市政府的官员们请我参观了“革命中央委员会”大楼。在那个时候，革命委员会负责伊朗城市的大部分事务。于是他们把“复兴党”[2]在马什哈德的大楼作为办公地点，因为它是一座大型豪华的多层建筑，国王的“复兴党”将它作为总部进行了建造和装修。但是，那个政党已经被彻底打烂，大楼落在了革命者的手中，他们把这座建筑变成了马什哈德革命中央委员会的总部。

有人告诉我，这栋楼的顶层现在专门用来关押危险的囚犯。他们提到了一些囚犯的名字，大多数人我都认识。里面有一个叫巴巴伊的人，他还有另外一个名字，叫巴鲁曼德。我

---

1　指1979年2月11日。

2　全称伊朗国家复兴党，根据巴列维国王的指令于1975年3月2日成立。成立之后，是伊朗唯一的政党。1978年9月24日解散。

不知道在这两个名字当中,哪一个才是他的真实姓氏!他是我第五次入狱时,对我用刑的人之一。

我说:“赞美真主,无法无力,唯凭真主的佑助!”

我在革命委员会主席兼伊玛目(霍梅尼)在礼萨圣陵的代表塔巴西和县长的陪同下,一起去了委员会大楼。这位县长曾和我一起在这个监狱里坐过牢和受过刑。

我们上了顶楼。那里有一些很大的房间,被拘留的人员都坐在那些房间里。房间有一些大窗户朝着街道的方向,但是没有安装金属栏杆。我看到这些房间不适合用于拘留犯人,有可能某个犯人会从窗子跳下去。而革命委员会的官员显然是知道这一点的,因为这些被拘捕的人比谁都更贪生怕死!他们不可能把自己置于危险之中!因此把他们关进了这个有宽大窗户的房间里。

他们打开了其中一间的房门,我认识其中的一些人,我向他们打了招呼,并奉劝他们把掌握的情况交代出来,与革命者合作。我还告诉他们不要指望被推翻的当局还会卷土重来,因为这场革命已经取得了胜利,而且还会继续取得胜利,他们所能做的只有坦白与合作。

在房间的角落里,我看到一个男人在做礼拜,我认出了他,他就是巴巴伊。我问囚犯们:“那是巴巴伊吗?”他们说:

“是的。”我说:“噢,是他!我跟他可是有很长的故事的。”大家都把目光转向了他,于是,他在做礼拜过程中不断地鞠躬,没有回答我的问候!他很害怕我,感到了危险。于是,他在假惺惺地忙着做礼拜,免得直接面对我!

我去了另外一个房间,去看看那里被拘留人员的情况。很快我又返回到了前一个房间。我突然打开了房门,当巴巴伊看到我时,惊慌得不知所措,立刻瘫在了地上。他开始求饶,开始做一些起誓发愿的保证和承诺,说自己当时年轻,头脑简单,被骗了。我没有回答他,站在那里听他的狡辩。

然后我对他说道:“你还记得在监狱里你是怎样对待我的吗?我只说出其中的一例:你还记得在刑讯室里你拽着我的胡子把我摔倒在地,然后又拽着我的胡子把我从地上薅起来,用一些脏话骂我,然后又把我摔倒在地,反复地这样对待我吗?”他说:“是的,我还记得这些。”

这时,与我同行的人都愤怒了,要不是我让他们冷静,他们当时就能结果了他。我继续对他说道:“我可以救你,你也知道我有这个权力。但有一个条件。这个条件就是:告诉我们,你的头目藏在哪里?”

我说的这个头目,是萨瓦克里非常危险的家伙,是他成立了马什哈德的萨瓦克,并且从开始成立到被摧毁,尽管头目一直在换,他的位置却没变。所有与马什哈德甚至是与呼罗珊省有关的情况,都集中在这个萨瓦克的中心。我知道巴巴伊清楚呼罗珊省萨瓦克的头目在哪里。因为这一伙人即使在革命胜利的日子里,他们之间还保持着联系。然而,他一直坚称自己不知道,后来又说他的头目可能已经离开伊朗了。

总之,巴巴伊被审判处决了。他所犯下的罪行,任何一起都可以用来判处他死刑。最后,那个负责监狱的萨瓦克头目在躲藏几年之后,也被逮捕并进了监狱。

我还记得在我第五次入监狱时巴巴伊的那种傲慢和无耻。正如前面所说,在我被他折磨之后的第二天,这个男人又来到我的牢房。尽管牢房里一片漆黑,但我还是立即就认出了他。他坐在地面上——除了囚犯之外,其他人是不能坐在牢房地面上的!他用一种“尊重”和“礼貌”的口吻问候我,他这样说道:

“赛义德先生,您的身体怎么样啊?我希望您没有讨厌监狱。”他继续说道:“我想劝您,尊贵的先生,把您知道的情况都说出来,对审讯的问题都做出明确的答复。您要是不说,他们可千万别,可千万别做出与阁下您的地位和身份不符的事来!”

这个昨天还在对我的肉体和心灵进行最凶残折磨的人，今天竟然用这么厚颜无耻的腔调在跟我说话！我对他的话一笑了之，没有回答他。然后，他便没趣地走了。

## 我是这样把《古兰经》拿到手的！

我被捕的日期是阴历的八月初。过了一些天以后，斋月快到了。我听到了审讯人员的头目在走廊里踱步的声音。当他的脚步声接近我的牢房时，我喊住了他。他打开牢门问我怎么样。他称我为"谢赫"，而且是出于恶意，把"谢赫"的"谢"字拖得很长！人们通常都称我为赛义德。

我对他说："斋月快到了，而我在这个牢房里却不能做我该做的事情，如做礼拜、把斋和祷告。所以，这个月就别关押我了吧。"

他说："噢！斋月来了。这里是最适合把斋的地方。这是清真寺(用手指着牢房)，这是浴室(用手指着监狱的浴室)。你就待在这里，做礼拜，把斋！"

我知道他不会放我出去。但是,我向他提出大的请求,目的就是想让他满足我小的要求。

我立刻对他说道:“那好吧。那你就让我拥有一本《古兰经》吧。”

他说:“这没问题!”

他同意让我的家人给我送一本《古兰经》来。

在极度黑暗中阅读《古兰经》是不可能的。我对看守说:“我想读《古兰经》,请你把门给我打开一点儿。”

他去请示并得到了许可，他们让他把门打开十厘米宽的一条缝隙，这对阅读来说已经足够了。所以，在这个月里，我读了很多遍《古兰经》，还背下来不少。当然，由于念经和把斋，再加上酷刑，我的眼睛更加近视了。

## 嫉妒的谢赫

对这个监狱的另外一个印象是剃胡子的历险。留胡须不仅是一个传统的习俗，胡须也属于宗教人士外表与服饰的一部分。在第一次入狱时，刮胡子对我来说就是一场灾难，当然，在后来的监狱里并没有再次发生。在马什哈德的监狱里，剃胡子的事并不常见。在这个牢狱里，我看到有一位宗教学者的胡子被剃光了，因此，我意识到我自己胡子的命运将会是怎样了！

在每一周里，他们都安排了一个固定的日子进行刮胡子。这一天又到了，我听到了囚犯们一个接一个去理发室的声音。过了一会儿，轮到我了。我该怎么办呢？我要投降吗？还是应该反抗？我在祈求真主，希望他能为我指明出路。

这时，牢房的门打开了。当监狱长的目光落在我的身上时，他说道："算了，他就不用剃了。"然后，门就关上了。我没想到会是这样。我再次感谢了真主。这个情况每周都在重复。在我剃胡子的事上，他们放过了我。而且，我是唯一一位得到幸免的人！

在这里，我想说一件有启发意义的事，那就是仅仅进入监狱并不能完全培养一个人的性格。这件事也像其他的生活经历一样，会增加一些人的阅历，提振他们的决心和增强他们的意志，让其人格更加高尚。然而，对于某些人来说却不会产生积极或者消极的影响，甚至有可能对某些人来说，会导致其彻底崩溃。这与一个人在面对人生经历时所持有的观点、志向和目标有关。

在这个监狱的一个牢房里，有一位比我年长的宗教人士，他的嫉妒心很强——但愿谁都不要遭到这种疾病的侵害。轮到他刮胡子时，他知道了我被豁免的消息。当他们打开他的牢门以后，我听到他叫喊道："我不想刮胡子！你们为什么不给14号牢房的犯人刮胡子？"

他一直在抗议刮他的胡子，抗议的理由竟然是我被豁免了！这使我非常震惊，也使我对他这种令我处于危险境地的行为感到不解。他有权抗议，并且有权为抗议而寻找各种理由。但是，他为什么要陷我于危险之中呢？只见他再次对看守说道:“去告诉你的负责人,14号牢房的犯人不去刮胡子,我也不去!”

我开始担心,并恳求真主保护我的胡子。没过多久,监狱长来了,他打开那个谢赫的牢门,把他带了出去,并且还对他出言不逊。其他的囚犯也都陆续地走出了牢门。我预测这一次,在那个谢赫的纠缠和捣乱之后,他们不会放过我的。但是,这一次依然跟往常一样,他们从我的牢门之前走了过去,走向了下一间牢房!我深深地吸了一口气。感谢全能的真主!

## 他们虐待了我的学生

我对这个监狱的另一个痛苦印象就是目睹了我的一些学生遭受酷刑。在这个监狱里,有超过十个缠缠头的人,他们大部分是我的学生。我的一些普通大学的学生也在这个监狱里,我跟他们一起开过秘密会议。我亲眼看见了这些学生所受到的折磨。

在这些人中,有阿巴斯·穆萨维·古昌尼,他是一个赛义德，后来在两伊战争中牺牲。他在十五号牢房，挨着我的牢房。我的另一个学生，是一个谢赫，在我旁边的十三号牢房里。两人在散发传单时被捕。当然，我被捕是另有原因的，与他们无关。

那个谢赫学生在鞭子的抽打下，承认了他是从穆萨维那里得到的传单！在这些残暴酷刑者的鞭子下招供，也是一件正常的事，不应该对这种招供的人进行责备。但是，穆萨维不能再承认了。因为他的认罪会导致一场巨大的灾难，会导致组织的负责人处于危险之中。这个问题非常敏感和危险，他除了抵抗和忍耐别无他选。

他们把这个谢赫的脚掌打出了一个窟窿，那个痕迹有可能今天还在呢。他们对穆萨维打得更狠，折磨得也更加厉害。当他受刑回来时，那凄惨的叫声令人心碎，他们用极其野蛮和前所未有的手段对他进行了摧残。

有一天，他们把他带去上刑，然后弄了回来。一个小时以后，又把他带去上刑，然后又弄了回来。到了晚上该睡觉的时候，又把他传唤去进行折磨，然后又弄了回来！在半夜的时候，又把他弄到了刑讯室。我白天黑夜都在听着他的哀嚎声。他每叫一声，我的心都像被刀割了一下。对他的酷刑是野蛮的，也是令人发指和无法想象的。

在这个监狱里，唯一能够安慰穆萨维的是当他从刑讯室返回时，能听到我的念经声。我特意选择了能抚慰他心灵创伤、令其镇定和增加其决心的经文。有时，我会用念经的语调用阿拉伯语同他对话，嘱咐他坚持真理，继续坚强下去。

监狱的官员决定让穆萨维远离那个谢赫。于是，他被弄到了对面的一间牢房里。他在那里孤单一人，找不到谁来安慰自己。于是，他想尽办法接近我，以便能听到我的声音。因为酷刑，他的脚受伤了，无法站起来，去洗手间时只能靠挪动臀部往前行走。一共有两个洗手间。一个在他的牢房附近，另一个在我的牢房旁边。他接近我的办法之一就是对看守说："你看，我的腿受伤了，使用不了这个洗手间（用手指着靠近他自己的洗手间），我只能去那一个（用手指着靠近我的洗手间）。"

看守通常是头脑简单的士兵，也往往会体谅犯人，尤其是对受了重刑的犯人。我甚至看到过有一个看守把穆萨维背到了洗手间。

看守同意了他到我附近的洗手间来。当他从洗手间出来时，便对看守说："我想用土做个小净，因为我受伤了，不能用水洗。"接着他又说："洗手间附近的土是不洁净的，所以我想用那里的土（用手指着我的牢房门前）。"

看守也允许了。他靠近了我,并且开始用净土做小净。他一边做小净,一边用阿拉伯语跟我说话,用的是祈祷的声调,不懂阿拉伯语的人听了以后都会以为他在祈祷。

我还记得他说的一些话,比如:“先生,你不知道我在受什么样的苦啊！如果我在这种情况下死去,会认定我是烈士吗?”

他用净土做完小净后便伸直了腿,看上去一点儿也动弹不得。看守催促他说:“快走！快走!”他回答道:“我一点儿力气都没有,让我稍微休息一下吧。”看守也没有办法,只能让他再停留一会儿。

当他的话音一结束,我便开始用同样的方式用阿拉伯语回答他。我对他说:“再忍耐一下,伟大的赛义德！再忍耐一下吧！让这些刽子手们对你绝望。你什么都不要说,真主一定会救你的。”我继续与他交谈,直到他又振作起来并返回了牢房。这种办法被我们使用过很多次。

这仅仅是我的学生在这个监狱中遭受酷刑的一个例子,而这样的例子实在是太多了。

## 2500周年的庆祝活动

我对这座监狱的另一个印象与所谓的波斯帝国成立2500周年的庆祝活动有关。这些庆祝活动是对伊斯兰主义者和伊斯兰运动的最大不敬。国王为这些难以形容的奢华活动耗费了数百万美元,给所有心系这个民族的人带来了伤害。这是一个还在为填饱肚子而受苦受难的民族,还缺少当今生活中最基本的条件和必需品,如饮用水、电力、柏油路、医疗服务和教育。

此外,国王还想通过这些庆祝活动切断伊朗历史与伊斯兰之间的关系,并通过美化伊斯兰之前的繁荣及兴盛,间接地暗示伊斯兰教摧毁了伊朗的伟大和繁荣!当然,在中小学的历史课本里和附属于王室的作家的言语中,已经很直白地对其进行了表述。与此同时,国王当局想强调伊朗文化的独立,强调它与伊斯兰无关,强调它的根源是阿契美尼德时期的古代文明。

在那之后不久,国王便废除了伊斯兰阳历,取而代之的是帝王历。也就是说,伊斯兰阳历的1350年[1],突然变成了帝王历的2550年。当然,这种变化对其本身来说,也是具有很多含义的。

1　1971年3月21日至1972年3月20日。

有一点令人发笑并且又非常可悲的是，许多阿拉伯国家派代表团参加了这个活动，并且向这种对伊斯兰本身、对伊斯兰的对外传播、对阿拉伯人的历史乃至对与阿拉伯世界有关的一切进行侮辱的庆祝恭贺道喜！

是的，伊斯兰主义者尽了最大努力来揭露这些庆祝的内幕，公开了其所花费的资金数量，并对他们擅自更改先知迁徙历史的行为进行了抵制。在变更这种历法几年之后，独裁当局不得不做出让步，最后，在伊朗伊斯兰革命胜利之前的几个月[1]，又正式废除了帝王历。

伊朗的穆斯林群众针对国王切断伊朗与伊斯兰历史、伊朗与伊斯兰世界之联系的所有种族主义的行为进行了斗争，并在全能真主的庇护下，取得了巨大的胜利，让自己重新回到了伊斯兰世界的大家庭。伊斯兰革命从胜利的那一刻起，就在努力消除导致与阿拉伯兄弟分离的所有障碍。但是，与之相反的是，人们从阿拉伯的统治者们那里都看到了什么？这一点就说来话长了。愿真主引导我们和他们。

总之，在这个监狱中，我们在牢房里听到了一些庆祝活动的吵闹声。尽管监狱里充斥着暴力和恐怖的气氛，但是，囚犯们通

1　具体的废除时间为1978年8月27日。

过朗诵一位诗人的诗歌的方式表达了自己的愤怒和抗议,这首诗歌的开头一句是这样的:

愚蠢野蛮魔鬼般的夜晚,
无耻狰狞地张开了嘴脸。

# 第十三章

# 密码

## 做清真寺的伊玛目

我第六次入狱的时间是1353年[1]。当时我所处的社会环境与我第五次入狱之前的状况完全不同。通过做清真寺的伊玛目,我建立起了广泛的社会关系。我首先在伊玛目哈桑清真寺做伊玛目,这是一座小的清真寺,位于一个小巷子里。后来,我转到了克拉马特清真寺,这是一座大的清真寺。这座清真寺的重要性不仅在于它的规模大,还在于它位于城市的敏感位置和宗教中心附近,也就是在伊玛目礼萨陵墓和一些宗教学校的附近。而且,它周围有大学、电影院以及小商贩集聚的巴扎。因此,这也是那些老死不相往来、相互间矛盾重重的商贩、宗教学生和大学生们的会集之地。

这座清真寺的活动在不断活跃,结果引起了统治机构的注意和不安。于是他们开始介入,并阻止我在那座清真寺里进行礼拜。在那里做礼拜三个月之后,我又回到了伊玛目哈

1　1974年3月21日至1975年3月20日。

桑清真寺。由于它面积狭小且地处偏僻位置,因此没有引起安全部门的注意。

当我重新开始在那个小清真寺里做礼拜时,宗教学生、大学生和商人们也逐渐聚集到了那里,这让清真寺显得更加狭小了,因此,清真寺的管理者们不得不扩建它,最后它变得比克拉马特清真寺还大。为了消除或减少它的敏感性,我只在星期五的晚上在那里做礼拜,并讲授“阿里的箴言”这门课程,有很多人参加。

除了在清真寺做伊玛目,我也在家里接待到访的各种群体和各个行业的客人。他们问一些问题,提出一些要求和建议,进行各种讨论。我热情地接待所有的到访者,这种接待有时甚至会持续到深夜。顺便说一句,这些人中不仅有来自马什哈德的,也有来自其他地方的。

## 讲经和演讲

我被邀请到全国各地去演讲,包括德黑兰在内。有一些邀请我接受了,有一些因为我没有时间而婉拒了。在我所接受的邀请中，还包括穆法台赫[1]烈士的邀请。他的邀请是为了纪念伊玛目萨迪克[2]的逝世。当我从德黑兰返回以后不久，穆法台赫先生就被捕了，这件事我事先已有所预料。我还接受过哈马丹[3]和克尔曼等地的邀请。当我正准备前往阿拉克[4]并在那个城市发表演讲时，我被捕了，这也是我第六次被捕。

尽管有大量的人员到访，有很多邀请，但是，我每天仍然教授两门神学院的课程，一门是宗教法学，另一门是宗教原理。当然，我在1343年[5]从库姆回到马什哈德时就已经开始讲授这些课程了。

## 前往马赞达兰[6]度假

在那一年的9月份[7]，随着天气转凉，我感到了极度的疲

1 穆罕默德·穆法台赫（1928—1978），宗教人士，1978年12月18日在进入德黑兰大学时被害。

2 什叶派十二伊玛目派的第五位伊玛目。

3 伊朗哈马丹省的省会，位于德黑兰西偏南约300公里处。

4 伊朗中央省省会。

5 1964年3月21日至1965年3月20日。

6 伊朗里海沿岸的省份。

7 1964年11月22日至12月21日。

劳，有些萎靡不振，因此想稍微休整一下。我向妻子提出了这一打算，说我想出去旅行几天，休整一下自己，以消除内心的疲惫，可是她表示了反对。在接下来的几天里，我再次向她表达了这种愿望，这一次我们达成了一致，准备去北部地区[1]。

那时，我们有三个孩子：最大的是穆斯塔法，他是小学生；另外两个是还没有到上学年龄的孩子。我们把穆斯塔法放在了他外公那里。我还邀请了我妻子的舅舅跟我们一起去旅行，他是一个商人，我们之间的关系非常亲密。在我困难和焦头烂额的时候，他总是能拉我一把，为我出了很多力。他自己有一辆汽车，对我妻子也很照顾。所以，他、他妻子和孩子们也都一起来了。

我们一起去了马赞达兰省。当我们抵达那里的第三天，我就坚持马上返回马什哈德，以便能参加周五晚上清真寺的会议。但是，就在我要前去参加会议时，萨瓦克的特工们冲进我的家里，把我送进了监狱。

这次旅行给我留下了很多印象，最好还是说一说，因为它显示了在第六次被捕之前，我在伊朗社会中的地位。

在萨里[2]，太阳马上要落山时，我带着年幼的儿子穆支塔巴

---

1　指伊朗里海沿岸地区。
2　马赞达兰省的省会。

走进了城里的清真寺。我们坐在清真寺的一个区域里，等待做礼拜时间的到来。一个年轻人走到我跟前，仔细地打量着我，他问了声好，然后便默不作声地坐在了我的身边。接着，又来了一个年轻人，挨着第一个年轻人坐了下来。就这样，第三个，第四个……，等到日落时，一共来了二十个年轻人。我有些害怕他们，害怕他们是萨瓦克的特工。但是，我也没太在意他们。

其中的一个年轻人开始跟我搭话，他问了起来："你是××吗？"我说："是的。"然后，他们便请求我带领他们做礼拜。我说："清真寺中有好几个地方都在集体做礼拜（当然，这种分散成几处的礼拜是一个很遗憾的现象），你们为什么不去那里呢？"他们说："那些带领做礼拜的人，我们一个都不认可！"

当时，伊朗所有拥有信仰的年轻人的状况都是如此。他们喜欢那些在统治力量面前立场坚定和敢于自我牺牲的革命宗教人士，他们不喜欢与自己的想法有出入的人，哪怕是那些从内心支持伊斯兰革命运动，但并未付诸行动的人，他们也不喜欢。青年人的喜欢不只局限于对宗教人士的感受和情感，而且还期望他们能积极主动、自我牺牲和坚忍不拔。

我问他们："你们每天晚上都做些什么？"他们说："我们站

在××(他们提到了我一个朋友的名字)的背后做礼拜,他现在去了德黑兰,我们做礼拜的那个地方空了下来。”他们央求我到那里去。

我开始领着他们做礼拜,另外一些人也加入到了我们的行列。礼拜结束以后,我转身面向大家,给他们讲了《古兰经》“开端”那一章,我把内容分成了几个部分,每一部分都分别讲了一遍。

然后,我结束演讲离开了那里。他们央求我再停留几天,并对我说道:“我们的宗教人士去了德黑兰,现在没有人指导我们和带领我们做礼拜。”我说:“我得回去参加周五晚上的会议。”他们唉声叹气,很遗憾地说道:“我们的宗教人士要是能像您关注自己的清真寺一样关注我们年轻人那该有多好啊!他经常是好长时间把我们放在这里就不管了。他去德黑兰处理自己的事情了。”

还是在那一次旅行中,我带着穆支塔巴走进了沙西城[1](今天的嘎埃姆沙赫尔)的一家书店。我正在翻阅其中的一本书,一个年轻人走过来问我:“你是××吗?”我又以为他是一个萨瓦克。但是,当我们交谈起来后,我就放心了。书店的主人也认出了我。

1 里海沿岸城市,属马赞达兰省。

我们回到了马什哈德，还带回了一些海鱼。这些鱼是我们在里海海滩遇到的渔民送的礼物。他们一看到我们，其中的一人便朝我们跑过来并把捕上来的鱼送给我们。我们坚持要付钱，他说什么都没要。他非常高兴，说是出于吉利才把鱼给了我们。因为渔民觉得，遇到一个赛义德并与之分享他们的成果，是一件很美好的事情。

## 真应该接受那些青年人的挽留！

我们在星期四的深夜抵达了马什哈德。第二天早上，我妻子去了她娘家，因为我们把穆斯塔法放在了那里。中午时分，我也去了那里，他们邀请我去吃午饭。之后，我便回到了家里，开始准备周五晚上的演讲。

我在带拜时，每一拜念完“开端”章，都会念《古兰经》第三十卷的某一章。因为根据什叶派教法，每一个宗教人士在念完“开端”章后都应该念一个完整的章节。通常情况下，人们在“开端”章之后会念“忠诚”（以赫拉斯）、“高贵”（盖德尔）等类似的章节或其他更加简短的章节。但是，我在“开端”章之后所选择的是具有革命性和运动性的章节，目的是塑造人的内心和建立伊斯兰的人格。在那个星期五的下午，我正在重复第八十三章的经文，准备做礼拜时背诵它，突然，家里的门铃响了。

我打开门时，看到的还是那些非常熟悉的面孔，他们每次都是冲进家里，不经允许就闯进屋子里，并直奔我的书房而去，那里有书籍、一些活页材料和授课的教案。他们开始收集他们认为可以作为审判我的一切"证据"。

做礼拜的时间到了，我习惯提前一些时间去清真寺，然后跟在场的人打招呼。我对萨瓦克的人说："做礼拜的时间到了，我马上应该在清真寺里带领大家做礼拜。如果我去晚了，对你们也不利。"

他们很阴冷地回答道："赛义德！不用你担心我们！"这时，我的一个妻弟看到我还没去清真寺便来到了我家。我告诉他："我今天不能去清真寺了。"于是，他也就明白了一切。

他们把我塞进了一辆汽车，是否蒙上了我的眼睛，我已经不记得了。然后，他们把我带到了以前（1350年[1]）的那个监狱，牢房里非常阴暗，只有细细的光线从一些小孔透进来。与

---

1　1971年3月21日至1972年3月20日。

往常一样,他们并没有拿走我的缠头和衣服,把我关进了一间牢房里。

我坐在牢房里,开始回想过去几天发生的事情。我想起了自己是如何坚持按时返回马什哈德的。唉,如果我接受马赞达兰那些青年人的请求,在他们那里多待上几天就好了。

## 用火车押往德黑兰

第二天接近中午时,一个特工来了,他对我说道:“快收拾东西!”我以为他们想释放我,否则,入狱的第一天就让我收拾东西又有什么意义呢?

他们让我上了一辆汽车,到了火车站又让我下了车。我明白了这是让我离开马什哈德去往另外一个地方。现在为什么是坐火车了？为什么这些吝啬鬼舍不得买一张机票了？在火车站,两名穿便衣的特工把我接管了过去。我认识其中的一个,因为他就住在我家的附近,我每天都能见到他。我早就猜测到了他与安全部门有关系。

我们登上了一列开往德黑兰的火车,车厢是二等的包厢,

可容纳六个人。在那个包厢里，除了我和那两个特工，还有三名普通乘客。这两个特工试图在乘客面前装出我们三个也是普通乘客的样子，因此，他们两个没有做出任何表明我被拘留的举动。但是，我担心乘客可能会跟我说话，这会给他们带来政治上的麻烦。因为这也并非没有可能。

百姓们通常会把自己对现状的不满和抱怨说给宗教人士听，尤其是说给年轻的宗教人士。于是我镇定友善，笑呵呵地对他们说道："这两个人是特工，我是他们羁押的犯人。他们想把我交给德黑兰的萨瓦克！"

乘客的脸上立刻露出了怜悯的表情。在整个旅途中，那种表情都没有从他们的脸上消失。他们长时间默默地看着我，目光里夹杂着说不出的愤怒。

我们在清早的时候到了德黑兰火车站。特工们把我带到车站上的一个特殊警亭，然后小声秘密地把他们的任务情况告诉了警察。他们打电话进行了联系。没过多久就有人来了，让我跟他们一起走。他们让我上了一辆汽车，蒙上了我的眼睛，并野蛮粗暴地对待我。汽车穿行在德黑兰的街道上，每当遇到交通堵塞汽车停下来时，他们都会命令我低头并把额头顶在前排座椅的靠背上。

## 在联合委员会监狱

汽车在一处停了下来，他们把我带到了距离汽车有几米远的地方，然后取下了我的眼罩。我发现自己是在一个房间里，里面还有几个特工。押送我的那两个特工也在场。他们贴着耳朵小声嘀咕了一阵，然后其中的一个对我说："脱衣服！"缠头、外套和长衫等我都脱掉了，身上除了衬衫和裤子，已经没有其他衣服了。

他们给了我一套囚服，包括一件衬衫和特殊的裤子。我穿上了它们。我的目光落在了那两个随行来的特工身上，我看到他们在用忧伤、感慨和同情的目光看着我。显然，他们并未料到会出现这种情况。我无奈地朝他们微笑了一下。这时，看守们让我把衬衣的衣襟掀到头顶，以便用它把我的脸部蒙住。

我被带出了房间，我不知道要去往哪里。他们把我带到了一扇大门的入口处，我听到了打开锁链和开门的声音。然后又把我带到了一个地方，我觉得是一个大厅。他们让我站在门边。门打开了，他们把我推到了里面，然后关上了门。

我把衣襟从头上拉了下来，看到这是一个昏暗的牢房，里面有一盏光线很弱还带有防护罩的电灯。牢房里已经有了一个青年，他对我的到来感到非常高兴。他问了我的名字，当我说出了自己的名字，他显得更加激动，重复了好几遍："真的是你吗？"于是，他开始亲吻我，从头顶一直亲到脚面！然后他告诉我，他已经被关押二十天了，在这段时间里，他一直是一个人。相应地，我也对他表示出了热情。不过，我并没有对他完全敞开心扉。当然了，在政治犯的监狱中这也是通常的做法。因为一切皆有可能，不排除一个囚犯出于从你身上获得信息而对你表现出无比的真诚和友好这一可能。我坐在他的旁边，跟他闲聊着，安慰着他。他跟我一起大概待了两个月，后来他被转到了另外一间牢房或者普通的拘留间。他是一个政治犯，但并不属于宗教学校的伊斯兰主义者。

那个监狱以"委员会监狱"而著称，在1350年[1]或者更早一年成立，之所以叫这个名字，是因为它隶属于由萨瓦克、警察和宪兵三方组成的一个委员会。

由于竞争，特别是萨瓦克与警察之间为了讨好国王而出现的竞争，三个机构在许多活动上的相互冲突变得公开化。于是成立了一个委员会，也就是萨瓦克与警察一起组成了一个安全委员会，宪兵也加入了其中。因为当时一些革命运动

---

1　1971年3月21日至1972年3月20日。

组织都远离城市，将森林作为自己的总部。宪兵是负责城外安全的。

在牢房里，我一天又一天地度过了很多日子，这样的日子过得很艰难，很沉重。没有亲身体会的人，是无法理解它的。牢房里的一天能抵得上普通拘留间的一个月，可以说，我在这个牢房里的八个月相当于在普通拘留间的八年。还有比我时间更长的，拉贾伊烈士曾在这座可怕监狱的一间牢房里熬了二十八个月！

牢房长二点四米，宽一点六米。在这个小牢房里，有时是我自己一个人，有时是和一两个甚至三个囚犯待在一起。也就是说，四个人待在不足四平方米的地方！如果困难仅仅是地方狭小也就罢了，真是那样的话，一切都简单了，可怕的是还要承受精神上的折磨和肉体的摧残。

## 受刑者的惨叫

受刑者的哀叹和尖叫声在白天也会刺痛我的双耳。那些凄惨的叫声有时还会从夜里持续到早上。他们的酷刑方式是经过精心设计的，非常准时。在这个牢狱里，他们的一切行为都是为了压垮人性，让人精神崩溃，甚至不放过犯人去洗手间的机会。厕所在监狱的大厅里，还没等犯人走进去，看守就会喊道："快一点儿！快出来！快点儿出来！"有时，他们甚至会推开卫生间的门，令犯人手足无措不得不早点儿出来。

看守们会用肢体和言语等各种手段对犯人进行侮辱。囚犯们不能在牢房里交谈，只能用耳语或者凭借手势进行交流。如果看守们听到了我们的窃窃私语，他们就会穷凶极恶地向我们吼叫。食物通常也是最糟糕的，如果厨子偶然在菜里放了一块肉，看守们就会把它挑走留给自己！给囚犯送饭时也极具侮辱性，就像喂牲口一样！尽管大多数囚犯都是宗教学者、思想家和大学的教师。

犯人除了去洗手间或审讯室，不得离开自己的牢房。我说过，去洗手间是一场灾难。但是去审讯室就更无法形容了。前面我还说过，牢房里的一天相当于普通拘留间里的一个月。现在我还要说，审讯室里的一天相当于单人牢房里的一个月。

有一次，他们把我叫过去审讯。我是早上被带走的，直到下午我还没有回来。我的牢房里还有三个犯人，他们都为我担心，甚至以为我在酷刑之下死掉了。有趣的是，当我回到他们身边时，他们并没有认出我来。因为他们是看着我带着满脸的长胡子走的，而我回来时脸上却是光秃秃的了。我张口说话时,他们才认出了我,有的人还哭了。

我有一个狱友,叫艾哈迈德·艾哈迈迪,他是享有盛名的学者、传授伊玛目霍梅尼哲学和神秘主义学的谢赫穆罕默德·阿里·沙赫阿巴迪的孙子,他从审讯室回来时失去了走路的能力,只能用臀部蹭着地面向前挪动。当他回到牢房时,一种沉重的悲愤笼罩着我们,让我们心如刀绞。然而他却立即设法消除我们的痛苦,对我们进行鼓励,增强我们的信心。不过,他最后还是被摧残得牺牲在了这个监狱里。

我还能回忆起那些野蛮行为的场景,但我无法想象那种灾难的程度,可以说这所监狱负责人的恶毒和卑鄙都处于最差的限度。囚犯被虐待的声音会一直持续到早上,每次当我要睡着的时候,都会被一些哀嚎声所惊醒。我不知道那是真实的还是从录音机里播放出来的声音。

## 母亲

在这个监狱里,我最担心的是我的母亲。就像我之前所说的,她有狮子般的英勇和坚强不屈的毅力。然而在我这次被捕的前夕,她跟我说了一件事,表明她再也无法承受和忍耐自己的孩子受苦了。有一天,我待在她的家里,她对我说:“如果你再入狱,那我就不活了!”在那一天,我尽力让她安下心来,我说:“妈,我为什么要再次入狱呢?难道我做错了什么事吗?再说了,既然是命中注定的,您又为何要这么想呢?为什么要说出这种话呢?以前您可从来不是这样的呀?”但是我发现她是认真的。自从我被捕以来,我的耳边总能回响起她的话来,这让我非常担心。

我处于这种状态之下有六个月的时间,我不知道我的母亲怎么样了。经过六个月以后,我才被允许打一次电话,我决定跟我父母联系。父亲接起了电话。我问他的第一句话就是:“我妈的身体怎么样了?”他回答说:“很好。”我还是不放心,又问道:“她去哪儿了?”他说:“去××家参加祈祷会了。”我把她应该参加的一些祈祷会都回想了一下,然后松了一口气,心情才平静下来。接着我又打听了我妻子和孩子的情况。

事实上,用我的表达能力,我永远都无法描述囚犯们在这座监狱里的遭遇。在这个监狱里,我目睹了到目前为止我从未见过的丑陋和无法形容的恶心。

## 莫尔斯密码

人的本性是这样的,即对自己不喜欢和不如意的东西会产生逆反心理。如果他坚决反抗,那么主动性和创造力的大门就会为他而打开。在这个监狱里,囚犯们在想着越过两个障碍。一个是看守这一障碍。他们大多是文盲、雇佣兵,头脑比较单纯。另一个是安全官员这一障碍。囚犯为了越过第一个障碍,通常会采取计谋,而在大多数的情况下也会达到目的。在这一方面,我还记得一些,有必要说一下。

以前我说过,在牢房里是不能说话的,跟其他牢房的囚犯交流就更不可能了。这是一件很危险的事,因为在特工们的眼里,审讯和获取情报的手段就会被打乱。特别是如果被拘留的人是某一案件的被告那就更糟糕了。因此,他们对囚犯之间的相互说话极为惊慌。于是莫尔斯密码就成了囚犯们对话的工具。在我与拉贾伊烈士的牢房之间,还隔着一个房间。我与隔壁牢房的囚犯用莫尔斯密码交谈,消息就可以传到拉贾伊烈士那里,他的答复也能够回到我这里。

我是在这个监狱里学会的莫尔斯密码，故事是从这里开始的：

我发现隔壁的牢房里有连续敲击墙壁的声音，我不明白那是什么意思，但我觉得这种敲击带有一定的目的性。有一天，我盯着牢房的墙壁仔细地看了起来。这也是囚犯们通常会干的一件事，用一个新的东西来打发自己的无聊。比方说，我看到了墙上写的东西，那些是囚犯们的回忆、开的玩笑和讲的笑话。我吃力地看着微弱的光线勉强能照到的牢房门边的墙壁，一个写满密码般字母和标识的表格映入了我的眼帘。渐渐地我熟悉了表格里的语言，并且发现这些是莫尔斯密码。

于是，我便开始学习它，也逐渐理解了隔壁敲击墙壁的意思。后来我也尝试着回答了一次，尽管我的速度很慢，隔壁还是听懂了我的回复，他非常高兴。于是我和他之间的对话便开始了。他能熟练而快速地跟我说话，而我则是慢吞吞地回答。他一直在努力帮助我。他听到一个词的一两个字母就示意我他理解了这个词，不再需要其他的字母了。

随着时间的推移，我也变得越来越在行了，以至于当我敲击莫尔斯密码时，跟我在一个牢房里的人也不明白我在干什么。我靠着墙壁，把头贴在墙上，把手放在头的一侧，然后用指尖敲击墙壁，同时，我还能很自然地与自己牢房内的狱友进行交谈，让他毫无察觉我正使用莫尔斯密码与隔壁的囚犯在对话。他看不出我的哪个动作不正常，只是感觉我的注意力稍微有些不集中，而这也是从每一个囚犯的身上经常能看得到的情形。也有过这种时候，当我和其他的囚犯躺着时，我用脚趾尖去敲击墙壁，而采用这种姿势耳朵离墙壁较远，听起来会比较吃力。

## 聪明的囚徒

与“邻居”的谈话会涉及一切我们想到的内容。我们就不同的问题互相询问：你今天被带去审讯了吗？你今天做了什么？你在梦里梦见了什么？

关于我的“邻居”，我得知他是一名大学生。但是我所得到的关于他的信息也仅限于此。他甚至对我隐瞒了他的真实姓名。这很正常，因为对于一个政治犯来说保密是必须的。这个年轻人非常善于交际，有灵性，他简直是太聪明伶俐了。他想尽各种办法自愿地去打扫监狱的厕所。当然，囚犯们都争着抢着做这件事，以便能有几分钟的时间离开牢房。他利用走出去的这个机会，做一些能展示他灵巧、敏捷和精细特点的事情。

有一次，他巧妙地让看守离开了牢房，然后敏捷迅速地来到我这里，掀开门上小窗口的帘子，把我喊了过去，在我脸上亲了一下，然后又神不知鬼不觉地回到了他的工作地点——卫生间！

还有一次，他在打扫卫生时，看到在监狱走廊一个大水桶里的冰块上，有人放了一些黄油和果酱。当然水桶是盖着的。他快速地掀开水桶的盖子，看到了里面有什么。他明白了这是当值看守偷的囚犯的早餐。因为那天晚餐不好，看守不喜欢，因此他早晨就做好了这个准备，把偷来的东西放在了冰块上，等晚饭的时候再吃。现在我的朋友打起了它的主意，而那一天还是斋戒日。

他极其敏捷地掀开了水桶的盖子，拿起里面的食物回到了牢房！他用莫尔斯密码告诉我他都做了什么。我告诉他应该等晚上开斋的时候再吃。晚饭的时间到了，一个看守饥肠辘辘地来到那个水桶跟前，想拿走自己藏在里边的东西。可是当他看到里面的东西不翼而飞时，马上就气炸了！他不相信一个囚犯能干成这种事，他询问了其他的看守。当他确信就是犯人所为时，便决定和其他的看守一起搜查牢房。

我的朋友已经把那些食物吃了一部分，还剩下一些。他很害怕，慌乱中跟我取得了联系，问我他该怎么办。这时他的牢房里只有他一个人。我说尽量多吃，吃不完的就放在地毯的下面，藏匿“罪证”！看守们搜查了牢房，我的邻居也被搜查了，但是他们什么都没找到，一切安然无恙。作为囚犯对现实生活不满的一个例子，就让它留在我狱中回忆的本子上吧。

## 卑鄙下流的囚犯

在这个牢房里，我同各式各样的人处在一起，其中不乏忠诚而热情的年轻人。有一位来自内哈万德[1]的青年，属于“阿布扎尔”[2]第二组的成员。第一组已经完全消亡，于是内哈万德的青年们又成立了第二组。我特别提起这个年轻人，是因为最近我又见过他。一群虔诚的信士来看我时，我问起他们的名字。当其中的一人说出自己的名字时，我稍微在这个名字上停顿了一会儿，而我的记忆力很好，我想起来了，他是我的同

1　伊朗哈马丹省的一个县城。

2　1972年10月在内哈万德成立的反政府组织，成员系中小学生，受宗教和政治团体的影响，认为只有通过武装斗争才能战胜国王。

室狱友，是“阿布扎尔”第二组的成员。

在这个监狱里，在我的同室狱友中，也有一些共产主义者，其中一个没有告诉我他的身份。当他进入牢房时，我们已经有三个人，他是第四个。他进来之后，并不像准备在里边长期停留的样子，而是像正要离开。当我问起他的情况时，他并没有明确回答，而是岔开了话题。我从他的身上看到了某种气质，并且感觉到那种气质还不错。有一天我对他说：“我在你的身上看到了一种精神取向。”他没有在我们的牢房里停留多久。后来他被带走了，我不知道他被带到了哪里。

在革命胜利之前不久，他打电话给我，说：“我在××报社工作。”他几次重复了我在监狱里跟他说过的那句话。后来我得知他是共产主义人民党[1]的成员。在革命成功后，我们得到了一份证据，表明他是萨瓦克的特工！在人民党垮台期间，他以人民党成员的身份被捕。他的妻子曾多次给我写信，请求释放他，也提起了我在监狱里对她丈夫说的那句话。最后，他被释放了。

我在监狱做礼拜时，通常会把白衣服当作缠头缠在头上，肩上披着毯子代替长袍。因此在黑暗中看到我的人，都以为我穿着宗教人士的衣服。

---

1　1941年10月2日在德黑兰成立，1983年1月被伊朗政府取缔。

有一次，我和狱友们正坐在那里，看到牢房的门打开了，一个高个子男人走了进来。他刚刚进来时，什么都看不清楚。因为他是从一个明亮之地来到了一个黑暗之处。过了一会儿，他的目光落到了我们身上。他顿时把脸紧绷起来，伤心沮丧地堆缩在了牢房的角落里。

我走近他，努力像对待其他新来的囚犯一样对待他。我想消除他的萎靡不振，我对他进行了安慰并说道："你是饿了还是渴了？"可是，他仍然紧锁着眉头。我想，他大概是因为精神受挫而感到了压抑和害羞。我开始用手抚摸他的肩膀、头部和颈部。然而，他却尽力回避任何问题。后来我明白了，他是在那天早上被捕的，之后滴水未进，还有可能被打了。

我习惯留一点儿开斋饭当作加餐，因为我在这个监狱里得了胃溃疡。我给了他一块馕和一些果酱，他不想吃。我强行喂他吃了一些，还给他喂了一点儿水，他的脸色开始好转。因为他极度悲伤和压抑，为了照顾他，我没有起身去做宵礼，一直怀着安慰和同情的心情跟他说话。当他察觉到我在密切关注他，并且以为我之所以这样做是觉得他是一个具有伊斯兰倾向的政治犯，或者是我想吸引他加入伊斯兰主义者的行列时，他抬起头来，用干巴巴的语气说道："请允许我承认，我不相信任何宗教！"

我明白了他是怎么想的。我在寻找一个适合他心态、逻辑和条件的语句。我说:"印度尼西亚前总统苏加诺在万隆会议上说,'落后民族团结的基础不是宗教的一致,也不是历史和文化等的一致,而是需求的一致'。我们所面临的问题是一样的,命运都是未知的。宗教不应该把你我隔离开来。"

他没想到我会给出这种回答。我看到他脸上有了明显的变化,变得开朗了,跟我们热情起来了。然后我对他说道:"你休息吧,我要做礼拜了。"他的妻子也在这个监狱里,在另一间牢房里。我利用长期待在这所监狱的经验,让他和妻子之间建立了联系,我给予了他各种关爱和照顾。他跟我们一起待了两个月。有一天他说:"当我的目光第一次落在你身上时,我感到自己遇到了一场灾难。我对自己说:我掉入了毛拉的手里!现在我对您说:在我的生活当中,从未见过像您这样远离偏见、胸怀宽广的人!"

## 我没见过像你这样的人!

我还记得有一天我的肠胃不舒服,需要不断地去洗手间。

每天只有三次去洗手间的可能，有的时候甚至连一次机会也不给。这一天，幸好那个看守还算是一个不错的人，他多次为我打开了牢门，也不跟着我到洗手间去，只是站在牢门口等我回来。有一次，当我从洗手间回来的时候，我看到我的第三个狱友扑在了那个人的身上，打算揍他。原来，这个怀有恶意之人当着看守的面取笑了我！按照囚犯们的习惯，一个囚犯在看守面前侮辱另一个囚犯，是不可饶恕的罪过。

有一次，我对他说道："你还记得你对我说过'我从未见过像您这样远离偏见、胸怀宽广的人'吗？"他说："记得。"我说："我也告诉你，我也从未见过像你这样偏执、一根筋和固执的人！"

事实上，我的立场是基于我的宗教，而他的立场是基于他的信仰。当然，伊斯兰教要求其追随者认真诚挚地遵守教规，穆斯林要严格坚守自己的宗教界限。但也同样是这个教规，要求穆斯林应该与非穆斯林相容，对其表现出随和，在与反对者对话时避免教条主义、偏激和严厉。

《古兰经》的经文清楚地说明了伊斯兰的这种逻辑：

真主说："你向我的仆人们报喜吧！他们倾听言语而从其至美的。"[1]真主还说："你应凭智慧和善言而劝人遵循主道，你

1　《古兰经》第39章第17—18节，马坚译，1981年版。

应当以最优美的态度与人辩论,你的主的确知道谁是背离他的正道的,他的确知道谁是遵循他的正道的。"[1]真主还说:"我们或你们,确是在正道上的、或是在显著的迷误中的。"[2]真主还说:"未曾为你们的宗教而对你们作战,也未曾把你们从故乡驱逐出境者,真主并不禁止你们怜悯他们,公平待遇他们。真主确是喜爱公平者的。"[3]

传统的经典也鼓励人们去追求知识,哪怕它远在中国。这清楚表明了这种非常开放和广阔的视野,穆斯林可以从非穆斯林那里学习所有的知识,并将其置于与宗教看法一致的方向上。

不幸的是,今天给穆斯林贴上了原教旨主义者的标签,这个词也就意味着偏执和教条主义,这当然是最大的不公。

## 一束光线

现在我的脑子里还在回放一些场景,这些场景对于那些

1 《古兰经》第16章第125节,马坚译,1981年版。
2 《古兰经》第34章第24节,马坚译,1981年版。
3 《古兰经》第60章第8节,马坚译,1981年版。

不了解黑暗封闭且与外界隔绝的牢房生活的人来说，也许是一个很平常的情况。然而，对于曾经被监禁在牢房里的人来说，却是一件很重要的事情，并且鉴于它的意义，会将它完全清晰地留在自己的记忆里。这些场景就包括一丝微光透进牢房。

有一天，一束细微的光线透进了牢房里面。那一束光线，一束细细的穿过牢房上方窗口孔隙中所有的黑暗与尘埃而渗透到牢房里的光线，引起了我极大的关注。

我对此兴奋不已，大声叫喊了起来："啊……喜讯！……

阳光！……阳光！”我们的眼睛都紧紧盯着将我们与广阔的自由空间联系在一起的一丝光线，足足有半小时或将近半个小时之久。我们兴奋得目不转睛地看着它，直到它消失。第二天，光线有所加粗，持续的时间也有所延长。几个星期都是这样，直到有一天太阳到达一个角度，这一丝微不足道的礼物就再也无法来到我们的身边了！

有一天，我被牢房外叽叽喳喳的麻雀声叫醒。那是令人愉快的声音，它预示着春天的到来，它将我们与牢房墙外自由的大自然连接在了一起。我明白了牢房后面有树，它有可能刚刚发芽，把欢乐和幸福赠送给了麻雀歌唱的空间。我脑海中所有的美丽画面都是麻雀的声音创造出来的。因此，我的心扉打开了，并感到了无限的愉悦和享受。

还有一件事发生在这个监狱里，它总是在我的脑海里萦绕，那就是传到我耳中的非常微弱的早晨的宣礼声。它一定是来自很远的地方，声波利用城市的寂静和安宁，以及黎明时清爽的空气渗透到牢房里。它让我用全部的身心去倾听它，用生命去品味它。即使是现在，只要我一回想起它来都是一种享受。由于距离遥远，有些词语我听不清楚，但是每天的黎明我都无一例外地在期待它，在倾听它。

## 令人惊奇的梦境

在这个监狱里，一切东西都有其自身的意义和重要性。因为这是封闭、与世隔绝的牢狱生活的特点之一，做梦就属于这一类的特点。我们总是会花上一些时间谈论自己都做了哪些梦。我在这个监狱里，梦见了很多真实而令人惊奇的事情。

比方说，有一天早上我做完礼拜之后又睡着了，我梦见自己站在干旱的沙漠里，眼前是一条干涸的废弃河道，在河道的两岸，有光秃秃的干枯树木。这时，突然从远处出现了一只可怕的大狗，它像疯了一样狂吠着向我奔来。它在河岸的对面，我们之间还隔着河床。我感到非常害怕，不知道该如何是好。我向左右看了看，想找一个能藏身的地方。但是哪有什么地方可以躲避呢！此时那只狗离我只有十米远了，不过它放慢了脚步，叫声也渐渐低下来，直到彻底平息。后来它的嘴里又发出轻微的支吾声，再后来，它就调转身子离我而去。我虚惊了一场，感到很庆幸。当我醒来时，对这个梦已经没有了印象。

片刻之后，一个看守手里拿着一张纸，打开牢门问道："谁是阿里？"这是他们查找囚犯时所使用的方式。为了保密，他们只提起所找囚犯的名字而不说出他的姓氏。因为看守有可能弄错房号,去了不该去的牢房。在传唤的时候,如果提到囚犯的姓氏,就好像向其他牢房的囚犯通告了这个人还在监狱里。由于看守的人数众多,而且还经常轮换,因此他们并不清楚所有犯人的情况。于是他们总是用这种先称名但不称姓的方式来传唤犯人。

我说:“我是。”他说:“阿里什么?”我说:“阿里·哈梅内伊。”他说:“蒙上眼睛!跟我来!”他们的传唤方式通常就是这样。囚犯必须用衬衫的衣襟蒙住头部,以便被他们带到指定的地点。

从拐弯抹角的路径我意识到自己是在去审讯室。因为我通过猜测和想象知道了监狱的布局,在脑海中已经勾勒出了它的建筑轮廓。出狱之后,我在纸上把它们画了出来。革命胜利以后,我去这所监狱参观时发现它尽管与我的想象不完全一致,但也没有太大的偏差。

## 马什哈德的霍梅尼

特工把我带进房间后,把我摁在了椅子上,并且对我说道:“抬起头来!”这句话的意思是除去面罩。面罩被掀了起来，我看到了负责我这个案子的审讯者，因为长得像的缘故，我们称他为“安瓦尔·萨达特”[1]！他站在我的面前，开始了老生常谈式的问话，我也照例回答了他。

就在此时，一个男人打开房门探进头来，对审讯的人员说：“博士！有茶吗？”“博士”“工程师”是审讯人员之间的相互称呼，而这些称谓只不过显示了这些无知得近乎是文盲的渺小低贱者的自卑心理而已。这种“找茶”实际上只是一种掩饰，是在转移人们的视线，问话者以这种方式佯装他的出现是偶然的，并非为了什么特殊目的而来。

他走进房间，然后似乎是因为看到了我而感到了惊讶，他说：“这是什么？”这也是当局监狱里很著名的一句问话。因为，我从来没有听到过一个审讯人员在问一个犯人时说：“这是谁？”那个审讯人员回答说：“这是哈梅内伊，是马什哈德的。”新来的人听到我的名字以后好像又很惊讶，说：“怪哉了！这就是那个？就是这个人想当马什哈德的霍梅尼？”这也是在我的档案里经常重复出现的一句话：想当马什哈德的霍梅尼！

他又接着补充说：“博士！他是一个危险分子。”然后，他晃了一下脑袋，对我说道：“哈梅内伊，你不会活着离开这里

1　安瓦尔·萨达特(1918—1981)，埃及前总统，1970—1981年在位。

的！”然后又问道：“我问你‘塔基亚’和‘图里耶’[1]都是什么意思？”他不等我回答，转身对那个审讯人员说道：“他们故意做与自己的意愿相反的事，管它叫‘塔基亚’；说掩盖真相的假话，管它叫‘图里耶’。”

显然，他对我们的“塔基亚”很不满。他也应该不满，因为我们在统治机器面前就是要利用“塔基亚”原则，“塔基亚”是我们的防护阵地，统治机器在我们的防护阵地面前是无能为力的。

在整个过程中，我一直低着头，紧紧地闭着嘴。当我看到他在不停地重复这两个术语时，我的低头就是在给他一个简明而合适的回答。

他说：“不，事实并不是这样。”于是，他开始威胁我。

从他进来的那一刻起，我就感到了威胁。因为我觉得他的任务就是捉弄和折磨我。当他的威胁不断加码，我的恐惧也就随之而增加。这时我抬起头看了一下这个充满威胁的男人的脸。我突然发现，太令人震惊了！这正是我梦里所见到的那条狗！那外表特征完全一模一样！

那个梦境立刻浮现在我的脑海里：那只狗向我冲了过来，不停地狂吠着。然后在没有给我造成任何伤害的情况下停了下来。

1 塔基亚、图里耶：系《古兰经》确认的一个原则，即穆斯林在受到迫害时，可以隐讳自己的宗教信仰。

顷刻之间,我的心里是一片安宁和彻底的放松。我确信他不会伤害我,实际上也确实如此。审讯持续了几个小时,在这个过程中还有其他的人也加入了这两个人的审讯,总共九人。他们将我团团围住,但是并没有伤害我的肉体。

后来,我认出了那张狗脸的主人,他叫卡马利。这个人在革命成功后有很精彩的故事,显示了他的霉运。他先是逃跑了,淡出了人们的视线。几个月之后,他亲自去了埃文监狱,到那里索要在过去几个月没有发给他的工资去了!

他做了自我介绍,大家表示热烈欢迎!!! 并把他带到里边,对其进行了审讯。后来对他进行了公开审判,电视还做了转播。法庭也要求我提供证词了,但是我没有提供,因为他没有伤害到我。其他人去了,指出了他的罪行。最终,这个人被处以绞刑。

当然,我在那次审讯之后,还经历了其他一些类似的审讯。在那些审讯过程中,我受到了拳打脚踢、各种心理折磨、刮胡子等酷刑。审讯人员有个习惯,如果审讯的时间过长,而犯人又特别顽强,他们就会开始在精神上折磨他。这种情况下就会有五六个甚至是更多的人聚集在审讯室里,把犯人围起来,轮番对他进行侮辱和谩骂。当然,开始时审讯者只有一个,其他人都是渐进角色,都装出自己是不经意间进来的,事先并没有这个打算。他们的共同借口都是到“博士”这里“找茶”来了。

他们多次轮番围攻过我,我毫不犹豫地回答了他们所有的问题。在回答时,我一直很清醒,不让自己的任何回答成为他们审判我的借口。有一次,一个叫库切斯法罕尼的审讯人,用讥讽、自大和侮辱的语气问我:

“赛义德……,你认识萨依迪吗?”

“是的,他曾经是我的朋友。”

这个问题没有什么可对他们隐瞒的,因为我们两个都是呼罗珊人。然后他又说道:

“你知道他死在监狱了吗?”

“知道。”

“你知道对他的审讯也是在这个房间进行的吗?”

很明显,他是在撒谎,我保持了沉默。他继续说道:

“我跟萨依迪说:‘你知道什么就一股脑地说出来吧。’他回答说:‘我得求助于《古兰经》,看看行还是不行。’我告诉他:‘结果是凶的,不吉利。’他不听我的话。最后,他看到了自己应该看到的一切。”

这时,库切斯法罕尼沉默了一会儿,然后他站起身靠近我，拿起一支笔，捏着笔的一端，像傲慢的老师对待自己的学生一样，用笔的另一端敲打着我的头部。他接着说道："赛义德！这是一个不祥之兆，这是一个不祥之兆。"

我在心里嘲笑他的愚蠢，嘲笑他的谎言以及为了威胁我而制造的虚假场景。他的话没有对我产生丝毫的影响。

## 我和我狱友的梦

再回顾一下监狱中的真实的梦吧，我现在还记得其中的两个，一个是我自己梦见的，另一个是我的狱友梦见的。

我自己的梦是这样的：在梦乡里，我看见自己位于马什哈德的一座清真寺中。我认识这座清真寺，它现在仍然存在，位于巴扎的中心。这座清真寺的伊玛目叫阿拉姆胡达，他是米拉尼先生的得意门生和信得过的人之一，他担任清真寺的伊玛目也是米拉尼先生任命的。在清真寺大门的两侧，我看到了两个男人，像仙人一样，他们的个子是那么的高大，高得我只能看到他们的双腿而看不到上身。之后我看到了清真寺的地毯，人们为了打理它们，已经把它们卷了起来。墙壁上的飞檐石材有些已经脱落,清真寺的地面上到处都散落着尘土和石块。

当我醒来时,我又回想了一下自己的梦,我对自己的朋友说道:"要么是阿拉姆胡达先生去世了,要么是米拉尼先生死了。"在那一天或者是第二天,我又被传唤审讯。他们把我带到了一个新的房间,而不是以前常用的那个审讯室。我见到了审讯人员的头目,他叫卡维,正在等着审讯我。他开始对我进行审讯。在审讯中,他有一句话是这样说的:"或许你已经知道米拉尼先生死了!"

"我怎么会知道呢?"

"是的,他死了。"

这件事发生在1354年[1]初的时候。

但是,我朋友的梦,对了,首先我得说一下他也是一名宗教人士,是在这个监狱里我最后的狱友之一。他在某种程度上还是倾向于那个暴君政府的,尽管如此,他还是被关进了监狱,被殴打了。当然了,也说不定他是在用自己的方式到我的牢房里从我身上打探消息来了。不过我自由的时候,他还在监狱里。我现在就用他的话来描述一下他所做的那个梦吧。他说:"我梦见我和你一起去了列伊古城[2]阿卜杜勒·阿齐姆·哈

1 1975年3月21日至1976年3月20日。

2 历史上位于德黑兰的南部,现在已经是德黑兰的一部分。

桑尼的墓地[1]。你一边看着清真寺的那个宣礼塔，一边对我说：‘我想到这个宣礼塔的顶上去。’我说：‘这事儿是不可能的。’你说：‘可能，当然可能。’突然，我看到你从地面腾空而起，然后跃上了宣礼塔的最顶端。你上去以后，挥手对我说道：‘你看到了吧，看到了我能够做到吧？’我张着大嘴愣在那里，吃惊地望着你。突然，你又从宣礼塔的顶端升起，朝天堂飞升而去！一边飞着，一边向我挥着手。”

他讲完以后，我说梦的意思一定是我殉难了。当然了，实情并非如此，而恰恰是相反。梦的意思是自由，因为没过几天我就出狱了。

## 你将成为优素福[2]！

说到了那些真实的梦，还可以再说一个我所做的奇异的梦，大概是1346年或1347年[3]的事。当时，马什哈德的政治生

1　墓地在清真寺里。
2　《古兰经》中的典故人物，是穆斯林信奉的先知之一，也是《古兰经》第12章的章名。这句话暗指“你也会跟优素福一样，在历经磨难和千辛万苦之后，成为一国之君”。
3　1967年3月21日至1968年3月20日或1968年3月20日至1969年3月20日。

存环境极其艰难,伊斯兰主义者陷入了诸多的困境之中,只有少数的战友和我一起留在了战场上,其余的人都选择退出了斗争的舞台。

在那种情况下,我梦见伊玛目霍梅尼去世了。他的遗体停放在马什哈德靠近我父亲家一所房屋的地面上。许多人聚集在那里参加遗体告别仪式。当时我也在场,我痛不欲生,非常难过。我们把灵柩抬出屋子,扛在了肩上。送葬的人都跟在灵柩的后面,其中有大量的宗教学者,当然,我也在他们当中。

按照送葬的惯例,遗体要从我们的面前经过,然后送葬的人要跟在它的后面。送葬的主要是宗教学者,我也是其中之一。我大声痛哭着,因为过分悲哀,我用手拍打着自己的膝盖。然而,更让我痛苦和难过的是我看到有些宗教学者——他们的面孔我至今记忆犹新,一点儿也不在意,一点儿也不注意影响,一点儿也不悲伤,他们边说边笑,而我却又拿他们毫无办法,只能忍受这种撕心裂肺的痛苦和悲伤。

灵柩来到了城市的尽头,大多数送葬者都返回了城里。灵柩继续往城外运送着,有二三十名送葬者还跟在它的后面,我也是其中之一。灵柩来到了一座小山丘的旁边,大多数送葬者都留在了山丘的下面。灵柩在四五个送葬者的陪同下来到了山丘的顶部,我仍然是那四五个人之一。

从下面看上去山丘的顶部通常很小,但是,当爬到上面时会觉得它又宽又大。在梦里,山丘的顶部就像从底部向上看去一样小,只有一张床那么大。我们把灵柩放在了那里。

我靠近尸体的脚部方向,以便看着伊玛目的脸庞而跟他道别。我站到他的脚旁边,注视着躺在灵柩里的伊玛目的安详面孔。突然,我看到他的右手开始向上抬起,食指还处于示意的状态,这让我感到极度吃惊。之后,我又看到伊玛目虽然闭着眼睛但开始坐起来,直到他的食指触到我的额头,并抚摸或者几乎是在抚摸我的额头。在这种状态之下,我只是惊呆地站在那里看着。然后,他张开嘴唇说了两遍:“你将成为优素福,你将成为优素福!”

我从梦里醒来时,所有的梦境细节都在我的脑海里,一直到现在还完全在我的脑海里。我向许多亲戚和朋友讲过这个梦。例如,向我的母亲,她听到我的讲述后立即将这个梦圆为:“是的,你将成为优素福。这还意味着你将时常待在监狱里。”

我把我的梦和母亲的圆梦告诉了另外一个人,他是谢赫哈菲齐,1349年[1]在马什哈德的监狱里,我们共同蹲在一个牢房里。我当选总统之后,他来到我这里并说道:"总统选举的那一天我在麦加,因为那一天也恰逢朝觐的日子。当我前往朝觐团的投票站点时,我想起了你那个梦和你母亲的圆梦,于是我哭了。因为我明白了,问题不只是笼统地局限在监狱里。"

## 伊斯兰的尊严

我再回到监狱这个话题。我得说明一下,监狱的气氛充满了各种肉体和心灵方面的恐怖。监狱的头目最大限度地对穆斯林囚犯进行了摧残。尽管是这样,在这个监狱里,我注意到了一个惊人的现象,那就是伊斯兰的尊严。也就是说,虽然伊斯兰的追随者们很弱势,伊斯兰的敌人很强大,但是这种尊严还是能看得见的。

在我被拘留的最后几年,我的痛苦和纠结达到了极限,那时,甚至没有人认为伊斯兰能出现在社会舞台上。我们通过

1　1970年3月21日至1971年3月20日。

念经来等待,不断地念"多福"(考赛尔)这一章[1],并让自己坚信可以建立一个伊斯兰政权。但是,似乎一切证据都在显示伊斯兰没有回归的可能。

在这危难的关头,有一天,我被传唤到监狱的审讯室。我没有被带到那个固定的房间,而是被带到了另一间屋子。我坐着等待审讯人员。这时,我看到他们的头目、革命之后逃亡的卡维嘴角带着微笑走了进来,他很热情地跟我谈了起来,问我过得怎么样,还对我表示出了善意。

我很吃惊,这个人亲手打过我,但现在却变得如此温柔和蔼!他开始念叨,说我的罪过很轻,案件也不复杂。就在这个时候,具体负责我这一案件的审讯人员莫希里也走了进来,并坐在了我和卡维身边的桌子前。卡维很年轻,但他却是一些审讯人员的负责人,包括我这一案件的审讯员。卡维继续说着,并指着那个审讯人员说道:"他可以给你提供帮助。"

很明显,卡维通过这些话告诉了我自由即将来临这一好消息,他还想卸掉迄今为止向我身上施加那些罪名的责任,将它都归咎于这个小小审讯人员的头上!

然而,莫希里也没有错过回敬卡维的机会,他用尖细的声

1　《古兰经》第108章,马坚译,1981年版。

音说道:“是的,我们祈求真主让你的案子变得容易些。但是,我知道这个问题都取决于我们的领导(用手示意了一下卡维),虽然他比我年轻,但是前途一片光明!”

我明白了他们想释放我,但是这种油腔滑调是为了什么?他们两个人当着我的面打嘴仗又是为了什么?为什么他们两个人都想证明自己的清白?他们现在都有能力轻而易举地将我杀死,我是一个手无寸铁的人,没有任何抵抗能力。

在这两个人之前,另一个审讯人员库切斯法罕尼见了我,告诉了我他的宗教信仰。比如他说:“我小的时候经常去清真寺听海萨姆·瓦埃兹讲经(海萨姆·瓦埃兹是拉什特[1]著名的传教人员)。”他试图显示自己的虔诚。为什么?这一切的原因除了伊斯兰的尊严之外,没有其他。像他们这种人,无论有多大的权力和多高的地位,穆斯林在他们眼中都是伟大的!在穆斯林面前,他们感到了自己的渺小和无助。

1 伊朗吉兰省的省会,吉兰省是里海沿岸省份,位于德黑兰西北方向。

## 你是自由的!

有一天,我和其他两个狱友正坐在同一间牢房里,其中一位是我之前提到的那个宗教人士,另一位是虔诚的战士,我之前也提到过他,他是已故的沙赫阿巴迪的孙子。

特工人员像往常一样走了过来,说道:

“阿里是谁?”

“我是阿里。”

“阿里什么?”

“阿里·哈梅内伊。”

“蒙上头跟我来!”

他把我带到了卡维的办公室。卡维的目光一落到我的身上便马上说道:

“你是自由的!”

我很吃惊,简直不敢相信我从审讯人员头目的嘴里听到了这句话。我从他的房间走了出来。这一次他们允许我不用蒙面离开审讯室。因为我没戴头罩,所以第一次看到了监狱的走廊。

后来,无论是谁听说了我被释放的消息都很吃惊,他们问的第一个问题就是:“他们为什么会释放你?”我立即答复他们:“那你得去问监狱里的负责人!”

我先去了牢房,看到两个狱友中的一个还在那里,他对我的获释感到很高兴。我跟他说了再见。而另一个人却不知了去向。接着他们带我去了更衣室。这就是我们进监狱时脱掉衣服的那个房间,衣服还在。接近日落的时候天气依然很热。我被释放时恰好是夏末,而我那些衣服却是冬天穿的,因为我是在冬天被捕的。

我穿戴好自己的宗教服饰,从监狱大门的入口处走了出来。所有的一切都很新鲜,看到的一切都很有趣。人们……,行走在街道上而没有看守跟着……,由于习惯了昏暗,感觉街上那些灯光非常刺眼。

在监狱里,我总是梦见自己获得自由的场景,就像其他的囚犯经常梦到心里所渴望的东西一样。但是,难道现在还是在做梦吗?

我向监狱附近的大炮广场(现在的伊玛目霍梅尼广场)走去。我身上还带有一点儿零钱。我感到饿了,买了一份饭吃了下去。我压根就没去想像我这样的人要自律一些,不应该在大街上吃东西。

之后,我给贝赫什提博士家里打了电话,他简直不敢相信:“真的是你?你出来了?他们怎么会放你出来呢?”然后,他又说道:“我等你过来。”

我来到贝赫什提先生家里,沙菲克兄弟也在场。在他正想离开那里时,听到了我打过去的电话,于是,他便又留下来想见我一面。

首先引起他们注意的是我这张被剃光的脸。他们很惊讶。我说:“被他们剃了。不过还会长出来的!”我在那里停留了有一个小时,然后我向他们借了一些钱,去了我哥哥在德黑兰的家里。从那里我又跟马什哈德取得了联系,接着我便去了马什哈德。

在我被关押期间,有过痛苦、烦恼和失望的家人们告诉了我一些奇怪的事情。我的妻子告诉我,她母亲带着我儿子穆支塔巴,一个天真纯洁、心里充满友爱的孩子,去了伊玛目礼萨的陵墓。她在那里对他说:“你站在伊玛目礼萨陵墓旁,祈求真主把你爸爸从监狱里放出来。”

孩子很诚挚地向伊玛目做了求助。又一个晚上,穆支塔巴又跟着外婆去了伊玛目礼萨的陵墓,那个场景又出现了。他又哭又嚎,用小孩子无法再忍耐的惨烈语气,在虔诚地祈求。

似乎他就站在伊玛目对面，在跟伊玛目说话，而且还满面泪花。他的举动和反应让外婆感到很后悔，要求他以后不要再那样了。两天以后家里的电话铃响了，等他们听到我的声音时，我已经被释放了。我是在德黑兰的哥哥家里给他们打的电话。

# 第十四章

# 流放期间的洪水

## 穆斯塔法·霍梅尼[1]先生去世了

1356年[2]，国家面临着一个严重的危机。在这一年，伊玛目霍梅尼之子哈吉穆斯塔法·霍梅尼先生在纳杰夫不明不白地去世了。他的去世引起了群众的悲愤情绪，人们主要通过集会形式向当局发泄自己的愤怒和抗议。

在得知他去世的消息以后，我们在马什哈德为了表明自己的立场而制定了计划。我去了邮电局，拟定了四封电报。第一封是以我个人的名义，第二封是以塔巴西先生的名义，第三封是以穆哈米先生的名义，而第四封是以哈希米内贾德先生的名义。

当我把电文递给邮局的工作人员时，他很吃惊并把它拿给他的同事看，结果是令所有在场的人都感到了吃惊。因为唁电的内容不仅包括了对伊玛目霍梅尼人格的尊重以及对他

1　穆斯塔法·霍梅尼(1930—1977)，霍梅尼的长子。

2　1977年3月21日至1978年3月20日。

的深切同情，而且还有对统治当局进行强烈抨击的言辞。邮递员以为当他告诉我所需要的费用时，我一定会放弃发电报的。然而，当我支付了对我来说数额庞大的一千土曼以后，他们彻底摸不着头脑了！

我们还想在某一座清真寺里举办哀悼仪式，但执政当局阻止了我们并关闭了清真寺。在库姆，虔诚的信士们举行了吊唁仪式，结果有一些人被捕。

在那些日子里，史无前例的伊斯兰革命运动席卷了伊朗所有的城市。很多像我这样的人，要么是在神学院和普通高校的学生中间忙于政治运动和组织活动，要么是在编写包含政治思想内容的出版物，也有的人在进行秘密联络和交往，或者是在举办讲经和阐述伊斯兰革命内容的会议和其他的各种活动。

在那些日子里，哈勒哈里先生从库姆给我打来电话，他对我说："已经逮捕了一些人，应该轮到你和我了！"我说："为什么？难道我做错了什么？"

## 老鹰，老鹰，我们已经抓住了他！

在那年冬夜的一个夜晚，我正在睡觉时有人来敲门。我醒来之后像往常一样，在没有问门外是谁的情况下便走过去开门。这时距离晨礼还有一个小时，家人们都在里面的屋子里睡觉。当我打开大门时，看到一些端着机枪和手枪的人站在那里！我突然意识到他们可能是一些左翼分子并企图清洗我。

贝赫什提先生曾告诉过我，左翼分子正在杀害和清洗伊斯兰主义者，他让我保持小心和警惕。左翼分子在晚上的时候，在克尔曼沙赫[1]冲进穆萨维·卡赫达里詹尼先生家里，绑住他的手脚并试图杀害他，但他却在意外事故中得以逃脱，挽救了自己的性命。这件事至今还是个谜，一直没有人出来澄清它。

我的脑海里刚出现那个闪念，我就立刻开始关门。他们试图阻止我，但是对死亡的恐惧使我力量倍增，我使出全身力气关上了大门。然后我想，他们可能会爬墙或者以其他的方式进入院子。这时他们用枪托砸碎了门上的厚玻璃。

---

1　伊朗西部省份克尔曼沙赫及其省会的名称，也译作“克尔曼沙阿”。

我正设法自救时，其中一人喊道："以法律的名义，命令你马上开门！"从他们的喊话里我明白了他们是萨瓦克的特工。感谢真主，与我想象的不同，他们不是左翼分子。我到门口打开了大门。六个人冲进院子里，他们开始野蛮残忍地对我进行殴打。这时，十二岁的穆斯塔法已经醒来，他透过房门的玻璃看到了自己的父亲挨打的场景，他惊恐地大喊大叫起来。萨瓦克们还在对我拳打脚踢，尤其是用他们的皮鞋鞋尖残忍地踢我的小腿。

他们给我戴上了手铐，命令我走在前面进到屋子里。我对他们说："你们让我在家人面前戴着手铐，这也太不合适了吧？把它打开吧。"他们打开了手铐，我进到了屋子里。我看到我妻子非常伤心难过，四个孩子围在她的身边，有的在睡觉，有的已经醒了，最小的是梅萨姆，只有两个月大。我告诉他们："别怕，这些都是客人！"

萨瓦克的特工们开始搜查家里，他们甚至连厨房和卫生间也没放过！我妻子做了一件了不起的事：她走进我的会客室——这间屋子有两扇门，一扇对着我的书房，另一扇对着她住的内室；她把客厅里那些秘密传单都收拾好并藏了起来。我不知道她是怎么注意到那些传单的，又是如何神不知鬼不觉地进入那间屋子的。后来她告诉我，她把那些传单收集起来放在了地毯下面，萨瓦克没能找到它们。

特工们进入书房进行搜查，拿走了我的许多书、写的东西和一些散页教案。有一些书至今也没有下落。在一个小时或者更长的时间里，他们搜查了屋子里所有的犄角旮旯，一直持续到清晨做礼拜的时候。

我对他们说："我得做礼拜。"一个特工跟着我去了做小净的地方。我做完小净回到书房做了礼拜，一个特工也做了礼拜，另外几个则没有做，他们一直在搜查屋子。

他们甚至连一个巴掌大的地方都没有放过！我想，我应该向妻子要一些吃的。我又让她把醒后又睡着了的穆支塔巴和马苏德叫醒，我想对他们说一声再见。他们对我的孩子说："你的父亲要去旅行了。"我说："你们没必要撒谎。"于是，我把实情告诉了孩子们。

我走出家门以后，看到四周都已被萨瓦克包围。他们把一辆汽车开进了我家所在的狭窄巷子里。这是一辆普通的吉普车。他们把我摁进了车里，没有蒙上我的眼睛。其中一人拿着无线对讲机在重复："老鹰，老鹰，老鹰，我们已经抓住了他，我们已经抓住了他！"

这件事距离革命胜利只有一年的时间！

## 是流放而不是监禁

他们把我带到了马什哈德的萨瓦克中心,关进了一间地下室。在这个地下室里有一条狭窄的走廊,走廊的两侧都是牢房。我在那里待了几个小时。在这段时间里我求助了随身携带的《古兰经》,结果很好,令人心情愉快,我立即把它记在了《古兰经》的背面。他们给我拿来了午饭。午饭后,他们又把我推进一辆汽车,然后往城外开去。我不知道他们想干什么,因为情况和以前不同了:一辆普通的汽车,没有蒙上眼睛和驶向城外的方向!

车子停在了宪兵队的营门口。我明白了他们的意图不是监禁我,而是想流放我。我在宪兵队的营地待了五天,在此期间,家人和朋友多次来看我。宪兵队的营地也有一座军事监狱,但他们并没有把我带到那里,而是让我待在了值班军官的房间里。营地的负责人是一名上校,他很有个性,人也正派。因此,他对待我时不像那些看守对待犯人。我还有一种自由,那就是早晨可以早早地离开房间在户外的空间里锻炼。

## 先生，帮帮我吧！

他们通知了我，说我的流放地是伊朗沙赫尔[1]。我对这个消息很满意。因为我知道我的朋友谢赫穆罕默德·贾瓦德·霍贾提·克尔曼尼也被流放到了这座城市。我动身的那一天，亲戚和好友都来送别了，那个场景并不难过，因为我是去流放地，相对于以前的坐牢来说要好得多了，没那么残酷。在长途汽车站，我们登上了一辆开往扎黑丹的长途客车，然后再从那里前往伊朗沙赫尔。在这次旅行中，跟随我的有三个人，一个是军官，另外两个是士官。

长途汽车在古纳巴德做了停歇，让大家做礼拜和进餐。因为我以前曾多次到过古纳巴德，所以那里的百姓都认识我。此外，我的一些学生，如法尔扎内先生、卡米亚伯烈士、萨德基先生都是这个城市的人。我和学生的关系通常都超越了一般的师生关系，有着深厚的情感。我因为参加他们的婚礼而多次来到古纳巴德，并认识了那里的百姓，他们也因此认识了我。

当我们下车的时候，一个小伙子走到我跟前对我说道：

---

1　伊朗东南部城市，在锡斯坦-俾路支斯坦省境内，那里气候炎热干燥。

“先生，帮帮我吧，帮我求助一下《古兰经》吧。”当我为他求助时，那些随行的人员都站在近处盯着我。小伙子小声对我说道：“我不是为了让您帮我求助，只是想问问您为什么被跟踪，您为什么带着他们来到了这座城市？”我问他：“你认识我吗？”他说：“是的。”然后，我把情况告诉了他，并让他告诉那些兄弟我正在去伊朗沙赫尔，我被流放到了那里。

第二天黎明的时候，我们到了扎黑丹。我们去了一座清真寺，我做了礼拜。然后我们吃了早餐，在城里待了一个小时或更长的时间。之后我们上了另外一辆长途汽车，开始前往伊朗沙赫尔。我们到达那里以后，他们先把我带到了县政府，但是那里却告诉看护我的那几个军人：“把他带到警察那里去！”在警察中心，他们给我立了案，让我保证不离开城里，而且每天要到这个警察中心来报到。

## 断绝一切杂念

我一个人从那里走出来，打听到了清真寺在哪里。他们详细地告诉了我“拉苏勒清真寺”的位置，并且还说这是城里唯一的一座什叶派清真寺。当然,城里也有其他一些属于逊尼派兄弟的清真寺。我走进那座清真寺,里面极其绚丽辉煌,地面铺着精美昂贵的地毯。院子里有高大的树木和清澈的溪水,就像德黑兰有名的溪水一样,清澈而甘甜。

我感到了一种喜悦和幸福,这座城市的气候温暖宜人,很适合我这个从小就不耐严寒的体质,它的景色也很壮观和美丽。我脱下外罩,把它放在了一个角落里,然后做了小净。我开始站在那里做礼拜,这时,我进入到一种超脱状态,那种恬静的感觉现在还深藏在我的记忆里。在那段时间里,我与家人、孩子和朋友都彻底隔绝了,我所有的身心都归向了全能的真主。拥有这样的感觉实在是太令人享受了,真是难以想象和无法描述。

我拎着手提包走出了清真寺。我发现老百姓把我当作了一个新的流放人员,因为大家都知道他们的城市已经作为一个政治犯的流放地了。我去了城里的主要街道,因为我知道这里有一个虔诚的信士叫莱欧菲,他们告诉了我他的商铺在哪里,我按地址找到了它。店铺的大门紧闭,于是我在四周转悠了一圈,然后又回到了原地。但是,店铺依然没有开门。我站在那里停了一会儿,并透过橱窗的玻璃往里面看了看。这时,有一辆大众牌小汽车停在了我身旁,里面坐有两个人。其中一个人问道:“您想找谁?”我说:“莱欧菲先生。”他接着问道:“您认识他吗?”我说:“不认识,但是××把他介绍给我了。”他下了车,说道:“我就是莱欧菲,这是我弟弟。”我们相互做了拥抱并上了车。

昏礼的时间快到了,我们去法特米耶做了礼拜。我感到非常疲乏,于是我对他说道:“我想休息一会儿。”他们问我是在那里休息还是到他们家里去,我决定还是在那里休息。一个小时过后,我醒了,但我还是困得有些睁不开眼。当时正值斋月,很多人聚集在法特米耶清真寺里,我看到了许多陌生的面孔。接着,我看到了霍贾提·克尔曼尼先生,我们一起去了莱欧菲先生的家里。

## 与朋友重逢

我在莱欧菲先生家里停留了三四天,然后无论他怎样挽留,我与霍贾提先生还是决定搬到另外一个住所去。我们找到了目标房子。当我们正准备搬到那里时,从扎黑丹来了二十个人来看我们。这伙人由谢赫姆因·古拉堡带领,他是扎黑丹著名的宗教学者。我们说要搬到新的地方去，于是他们一起帮忙收拾新家和准备其他物品。在这所房子里，我们住了有几个月的时间，然后又搬到了一个更好的地方。

在流放地，姆因·古拉堡先生是第二个来看望我们的人。第一个人是卡里姆普尔先生，当时我们还在莱欧菲的家里，他在半夜的时候赶到了那里，恰好房东不在家。我听到敲门声时感觉有些异样，自从那次在马什哈德萨瓦克晚上闯入我家以后，每当夜里有人敲门时，我都会下意识地有这种类似于恐惧的感觉。

霍贾提先生去打开了房门，一个温文尔雅的年轻人走了进来。我明白了他是莱欧菲先生的亲戚，对囚犯和流放者抱有好感，并在为宗教事业而竭尽努力。他向我们呈献了一份伊斯兰活动计划。后来，他在两伊战争中牺牲。愿他安息。

第一个从马什哈德来看望我的是哈吉阿里·沙姆卡德里先生。他是我的学生中一个特殊群体的代表，他们没有受过正式教育，然而却有着很高的伊斯兰文化修养，非常了解伊斯兰的真谛，甚至胜过某些受过正规教育的宗教学者。他们都饱受了伊斯兰革命理念的熏陶，在全身心地与伊斯兰共存。沙姆卡德里认真地听过我在马什哈德讲的所有课程，对那些深奥的伊斯兰内容做了笔记。在我们搬到第一个住所的第二天，他便带着年幼的孩子和兄弟们来看我。后来，他的儿子和兄弟们都献身给了宗教事业。

到我们在流放地的第二个家里来探望的还有阿亚图拉萨多吉（他在革命成功后牺牲），与他一起来的有拉谢德·亚兹迪先生等。这次见面是在12月的下旬[1]，已经快到诺鲁孜节了。然后他们去了恰巴哈尔[2]，因为阿亚图拉穆卡莱姆·设拉兹被流放在那里。由于他们对我和霍贾提先生抱有好感，所以，他们在返程时又在我们那里住了一个晚上。

拉谢德·亚兹迪先生以非常风趣而闻名。他很有知识，很有文学修养，而且他天生就是一个幽默的人，他的脸上总是挂着笑容，张口就是笑料。我第一次认识他时就跟他很谈得来，他对我的感觉也是如此，也很愿意与我交往。当他要返回亚兹德时反复对我说道："我是多么希望被流放到伊朗沙赫尔啊，那样我就可以天天跟你在一起了！"

有一个非常有趣的事，大概是在他们离开我们两周之后，一名警官来了，他拿出一张纸递给了我。我看到是拉谢德先生写的一个便条，他通知我说他现在在警察的检查站。我立刻赶到了那个检查站。我看到他坐在那里，有八名警官围着

1　指1978年3月12日至20日。

2　伊朗东南方的海港城市，属锡斯坦－俾路支斯坦省。

他，他正在讲笑话，而警察们已经是笑得前仰后合的！

我问他："你怎么到这里来了？"原来，1月10日[1]是大不里士那些烈士的第四十天祭日，为了纪念他们，他登上了亚兹德清真寺的讲坛，因此被捕了。他们用救护车将他直接押到了伊朗沙赫尔！我把他带回了家里，之后，我们便在城里举办的宗教活动中合作起来。

值得说明的是，霍贾提先生在诺鲁孜节过后，也就是在拉谢德先生到来之前，从伊朗沙赫尔被转到了气候凉爽宜人的萨南达季[2]。他从萨南达季给我写了一封信，信中说道："当您生活在伊朗沙赫尔的酷暑里时，我真不应该享受这里宜人的气候。"

从1月份[3]开始，伊朗沙赫尔的天气便开始热了起来。就在此时，我的家属来到了伊朗沙赫尔。我的小儿子梅萨姆当时才六个月大，他们根本无法跟我一起留在伊朗沙赫尔。因为从夏初开始，当地的天气就会变得异常炎热，气温能达到五十三摄氏度。房子里没有制冷的设备和舒适的物品，孩子们还太小，其中两个还得上学。因此，他们在两周之后便返回了马什哈德。

1 1978年3月30日。

2 伊朗库尔德斯坦省的省会，位于伊朗西部。

3 1978年3月21日至4月20日。

## 与逊尼派交往合作

在开始阶段，我们与城里人并没有交往，只是与莱欧菲和他的兄弟们以及其他少数几个人举办一些小型聚会并讨论一些问题。在这期间，不时有人从扎黑丹、库姆和马什哈德来看望我们。又过了一段时间，我个人与一些人，尤其是年轻人开始进行接触。

我在伊朗沙赫尔认识的第一个青年叫奥塔什达斯特，他是一名高中生，大约十六岁。他的父亲是城里的一个小零售商。我通过他又结识了一些跟他情况相似的青年人。我们经常在一起开会，直到我离开那里为止。当然，奥塔什达斯特后来又继续了他的学业，考进了大学。在革命胜利以后，他跟随父母并带着未婚妻来到了我这里，我做了他的证婚人。之后他上了前线[1]并牺牲了。他的父亲有时还会到我这里来。

我尽力将我的活动范围扩展到城外去，在城里，像我这样的活动是“不合法”的。距离伊朗沙赫尔一百公里的巴兹曼城的老百姓为我们创造了条件。于是我和霍贾提先生乘坐一位朋友的汽车去了那里。我们每周或者每两周去一次。在那里

1 指两伊战争的前线。

我带领大家做礼拜并发表简短的演讲。当地的负责人觉得有些敏感,因而对我们的司机施了压。车主并没有告诉我们这个情况,但我们察觉到他遇到了麻烦,于是我们便停止了去巴兹曼的活动。

我在伊朗沙赫尔的首要任务之一是使拉苏勒清真寺运作起来,这所清真寺已经关门了。出现这一情况的主要原因是清真寺的建造者不住在伊朗沙赫尔,他只在每年斋月的前十天到那里举行祈祷会,十天以后便离开。之后清真寺就不再被使用,一直闲置在那里。

令人遗憾的是,伊朗沙赫尔的宗教分歧导致逊尼派清真寺与什叶派清真寺分了家。逊尼派有一些小型的清真寺,每座清真寺里各有一些礼拜者。而什叶派只有一座清真寺,并且拉苏勒清真寺常年处于关闭状态。我提议让它活跃起来,很多人都表示了赞同。在拉谢德先生的配合下,我开始在它的里面主持集体礼拜。

每次礼拜结束以后,我都会对人们讲上十到十五分钟,讲的内容简明扼要。做礼拜和简短的讲话都通过大喇叭进行播放,这对在什叶派中复兴宗教精神起到了重要作用,甚至对那些坚持做礼拜、准确诵读经文并在念完“开端”章后,念不同的《古兰经》章节的逊尼派穆斯林也产生了积极影响。

我还向他们建议举行星期五的聚礼拜，我们也这样做了。人们来参加了这个聚礼，它成了伊朗沙赫尔有史以来规模最大的星期五聚礼拜。拉谢德先生非常喜欢这个聚礼拜，因此，他亲自念“宣礼”。

我们渐渐地与逊尼派的宗教学者建立了良好的关系。我在考虑一项行动计划，通过宗教合作消除该市逊尼派和什叶派之间的思想隔阂。我向逊尼派宗教学者穆拉维·卡马鲁丁开启了对话的大门。他是努尔清真寺的伊玛目。

我对他说：“宗教的责任要求我们审视伊斯兰的未来和它所面临的威胁与障碍。所有的穆斯林，无论他的宗教信仰如何，都应该对这一前瞻性的观点负有重大的责任。但如果我们仅仅是去点击它过去的死穴，在前人的书本里寻找差异，那只会激化矛盾、增加憎恶和煽动不满的情绪，这无论如何都不符合伊斯兰和穆斯林的利益。”我还对他说：“这并不意味着我们切断与过去的联系，我们的思想和信念都与过去密不可分。当然，我们的合作必须立足于将来和对未来的憧憬之上。”

实际上，我与我所接触到的所有逊尼派兄弟之间的谈话内容都是围绕这一观点进行的，他们当中那些真诚的人都对这种想法给予了友善而积极的回应。

## 先知的诞生是我们团结的象征

在这种观点的范围内,我提出了一个简单而实用的计划,也就是在伊斯兰阴历三月十二日[1]至三月十七日[2],逊尼派和什叶派共同举办庆祝仪式。我们都同意了这一计划。

为了举行庆祝仪式,我们在拉苏勒清真寺里进行了筹备。当时恰逢炎热的夏天,下午阳光下气温高达六十三摄氏度,阴凉处也有五十三摄氏度。对于我们来说,中午去洗手间是最艰难的事情之一。厕所在院子里,我们要走二十米才能到那里。炽热的阳光让人难以忍受,能把脸烤熟,也能把皮肤灼伤,整个白天都是那么火热。晚上十点以后才能感受到一丝的微风。这种微风会逐渐汇聚在一起,越聚越多,空气也随之变得柔和而清爽。但是地面还是那么滚烫,无论往哪里铺上几床褥子或几层垫子,人们还是无法坐在上面。可是在举办庆祝活动的那天下午天气却完全两样,天空布满了乌云并遮住了太阳的光热,接着又有一阵清风吹了过来,这在那个时刻是前所未有的,再接着是零星的雨滴往下掉落。我们都预感到庆祝的夜晚一定是一个宜人的良宵。

---

1　根据逊尼派的说法,这是先知的诞辰日。

2　根据什叶派的观点,这是先知的诞辰日。

先知诞生的日子也就是庆祝的日子，天公作美，气候温和，还伴有雨滴。人们成群结队地从家里走了出来，享受着美好的天气，大家都向人头攒动的拉苏勒清真寺走去。清真寺的大殿和门廊里挤满了人。我前面说过，大殿铺着价格昂贵的地毯。

我站在壁龛前带领大家做昏礼拜，在第二个鞠躬时，一种奇怪的声音传到了我的耳朵里，那声音很像是一辆马车拉着拖在地上的椰枣树树枝所发出的响声。声音在不断地传来，如果是一辆马车也早应该经过了那里，响声也应该消失了。片刻之后我听到了湍急的流水声音。我意识到发洪水了。

## 洪水及伊玛目侯赛因的墓土

礼拜刚刚结束，我们便看到洪水淹没了城市，水位在上涨，已经到了距离地面有半米高的清真寺的门廊位置。我大声号召人们与这一灾难做斗争。我首先告诉他们把清真寺的地毯卷起来放在高处，避免洪水冲走它们。接着，我提醒大家要万分小心，保护好儿童和妇女。洪水持续了两三个小时。

其间,我们不断听到有房屋倒塌的声音,我甚至害怕清真寺也被冲垮。一切都很可怕:停电造成的黑暗,咆哮无情的洪水,房屋在损毁,还有人们的求救之声。

在这种危急和可怕的状态之下,人往往会急中生智,会寻找各种手段来应对眼前的灾难。我以前听说过,为了消除这种普遍存在的不可避免的灾难,在全能的真主的允许下,可以使用伊玛目侯赛因的墓土进行消灾。我的衣兜里恰好有一块他的墓土,我把它掏了出来,然后扔进了波涛汹涌的洪水里。片刻之后,由于真主的恩赐,洪水停止了。洪水停止以后,我

们立即成立了一个救助灾民委员会。那天晚上无法进行大规模的活动。于是,我们把工作推迟到了第二天早上。

我回到了家里。这是一座中间开门的住宅,进门以后两侧各有一个套间。我和拉谢德先生住在一侧,拉希米和穆萨维沙利先生住在另外一侧,这两个人在拉谢德先生之后,也被流放到了这里。拉希米先生在革命成功后当议员时牺牲。当我回到家里时,看到房子完好无损,洪水只是接近了它。

城里的人们开始传开了,说流放人员的房子没有被淹,认为这是因为我们尊贵。于是,我向他们解释说:“我们的房子里没有进水,原因是房子所处的位置较高,并不存在什么奇迹与尊贵一说。”

## 救助中心

第二天早上,我和拉希米、拉谢德先生一起到城外,去察看河谷里被洪水冲毁的那些房屋。顺便说一句,那些房屋正是城市发生洪水的主要原因。在历史上,这座城市一直雨水较多,雨水顺着沟谷穿过城市向下游流去,因此,几个世纪以来,该城总是处于安全的状态。

出于这个原因,在河谷沿线修建任何建筑都应该是被禁止的,因为它会导致水流无法下泄而流向城里。然而,那些寻找免费土地的人在这个河谷中建造了房屋,这实际上是在冒险。目前在某些城市还有一些人在干这种事情,他们没有意识到,这不仅危害他们自己,也会给整座城市带来灾难。

我们去了河谷,看到了建在那里的房屋都已被冲毁。我们在那里看到了一个俾路支人的家庭,几名妇女、一名男子和几个孩子从远处向我们走来。男子用双手托着一个孩子,妇女们在哭泣。当他们走近时,我们得知孩子已经死亡。这一幕深深地触动了我,我放声大哭起来。

我对儿童和妇女有一种特殊的情感，我永远不能容忍对孩子或妇女进行丝毫的侮辱或伤害。我多次告诉过我的朋友，我不适合在男人和女人之间进行裁决。因为我一定会偏袒那个女人。对儿童也是如此。我甚至不忍心在电影中看到一个陷入困境的孩子。所以，当我看到在洪水中死去的那个孩子时，很震惊，并哭得很伤心。那一家人注意到了我痛哭的情况。拉谢德先生告诉我："他们很吃惊，看到你受到的打击比他们自己还大。"我痛哭的事情在俾路支人中间传开了。

我们回到了城里，在我们组建的救助委员会驻地安顿了下来。据报道，全市百分之八十的房屋被毁，没有毁坏的房屋也基本被淹。伊朗沙赫尔的大多数房屋是平房。

我突然想到，城里的百姓从昨天中午到现在都没有吃过东西了，都已经饥肠辘辘了。由于洪水，烤馕的师傅们关闭了烤馕店。洪水也进到了商店和仓库里，解决这些问题还需要几天的时间，饥饿在威胁着整座城市。我对他们说："让我们把'拯救饥饿的城市！'这一口号落实在行动上，通过各种途径为他们提供食物吧！"我看到很多人流浪在街头，精神恍惚。灾难已经使他们失去了饥饿之感。

在路边上，我看到了一家杂货店，因为高出地面而没有被淹。店主站在门口东张西望，不知道如何是好。我走上前去问道:“你的店里有没有可供人们吃的东西?”他说:“只有饼干。”我说:“有多少给我多少,所有的饼干我都要了。”当然了,总共也没多少。我就地分发给了那些流离失所的人。这只是个救急,离解决城市的饥饿那还是差得太远了。

我去了邮电局,给前面提到过的锡斯坦-俾路支斯坦省扎黑丹著名的宗教学者卡夫阿米先生打了电话,向他讲述了这场悲剧的情况。我对他说:“我们需要馕、椰枣,如有可能,奶酪也需要,你能给多少就给多少,越快越多越好!”我还请他给亚兹德的萨多吉先生打电话,给马什哈德和德黑兰打电话,让每个人都知道我们需要食物。我多次大声重复:“赶快转告大家,我们急需馕和椰枣。”

当我挂断电话,发现身后的人都在愣愣地看着我,他们注意到了我所做的努力,他们相互看着,眼神里流露出对我的赞叹之情。很自然,在不到一个小时的时间里,我的行动就传遍了全城。城里的人们都期盼着我的努力,他们知道,自己的宗教人士没有能力,官方当局也没有能力立即提供紧急援助。宗教人士没有权力,官员们不重视也不在乎,甚至是没有任何的能力。

我又去了拉苏勒清真寺,准备将它作为援助的中心。所有人的目光都转向了清真寺。不到三个小时,一辆载满馕、椰枣、西瓜和奶酪的大卡车到了。我们打开了清真寺的大喇叭,播放《古兰经》，宣布拉苏勒清真寺为救助中心，为提供食物和援助灾民的中心。

我告诉兄弟们："凡是来的人都发给食物，如果他说不够，那就多给一点儿。如果他还来要，就继续给他，不要说已经给过你了。我们要以这种方式让人们不再贪得无厌。"当然，我相信其他城市的兄弟们一定会帮助我们。我们就是这样开始了救援工作。

我们成立了一个正式的组织，我亲自把工作逐一分配给兄弟们。我还利用了在1347年[1]自己在费尔多斯[2]地震中积累的经验。当年的6月[3]，费尔多斯及其周边地区发生了一场比较强烈的地震，我和一帮兄弟前往那里帮忙，停留了两个多月，在那个过程中，我在帮助群众、动员群众方面积累了宝贵的经验。那些日子给我留下了不少有趣的回忆。

总之，我们在伊朗沙赫尔的工作持续了五十天。我们去查看百姓的房屋、棚户和帐篷，统计家庭成员的数量。有时我们还得到了虚报的数字，但是我们也姑且当作了真实情况，没有去追究它。我们的行动对百姓的情感产生了深刻的影响。

我们根据所统计的数字发放物品，制作了配给食物的小

1 1968年3月21日至1969年3月20日。

2 伊朗东北部城市，属拉扎维呼罗珊省。也译作"费尔道斯"。

3 8月23日至9月22日。

票，每个家庭都根据小票领取自己的份额。在此期间，除了不定期发放食物，我们还分发了大量的灯具、毛毯、餐具、地毯、地毡等简单的生活用品。

也有个别人制作了假的配给小票，在上面伪造了我的签名。然而，虽然我的签名看似简单，却有我自己才知道的隐秘之处。我知道他们在伪造我的签名，但是我也没有去揭穿他们。

在那些救援的日子里，霍贾提先生从萨南达季来到了伊朗沙赫尔。他在萨南达季时病倒了，想请假去克尔曼，他们也同意了。他从克尔曼来到伊朗沙赫尔看望我们。他的到来又是一次见面的好机会，我们谈了个通宵。早上，我邀请他一起去城里。我坐在方向盘前，开着我的车在城里转悠，他坐在副驾驶的位置。

当男女老少在见到我的汽车都招手示意并且问好时，他吃惊地对我说道："你还记得刚开始的时候吗？那时人们甚至连一句问候都舍不得对我们说。"我说："是的，我记得。但是，当一个人与百姓共同承担他们的痛苦和不幸时，他就能在他们的心目中占据这样一个位置。"

在结束五十天的救济及消除洪水的影响之后，我们尽力举办了一场盛大的庆祝活动。我在那次活动上发表了演讲，讲话的录音和活动的照片现在还在。

## 流放者的形象

斋月到了，与百姓交流的机会比其他的月份更多了。警察局长对我们在民众心目中的地位和声望感到非常不满，但是，他又不知道拿我们这些流放人员怎么办。他多次企图向我们展示他的邪恶本性。幸运的是，斋月一开始，这位警察局长就去休了两周的假，临时接替他的是一位明智和善解人意的年轻军官。从他与我们的言谈里，可以体会到他的友善和同情。我们与他的第一次会面是在清真寺进行的。一个警察局长到清真寺与我们会谈，这可是很不寻常的一件事。

一天晚上，我和两个被流放的兄弟在街上散步，一辆汽车停在了我们身边。一位年轻的军官下了车，要求和我单独谈谈并告诉我一个秘密。我离开了那两位兄弟，同他溜达了一会儿。他告诉我，伊朗沙赫尔的流放人员将被送往三个城市。一个是送往吉罗夫特[1]，第二个是送往伊泽[2]，第三个是送往埃格利德[3]（第四人已于早些时候获释）。这位军官希望这个消息只限于我们流放人员知晓。

---

1　克尔曼省的一座城市。

2　胡齐斯坦省的一座城市。

3　伊朗中南部法尔斯省的一座城市。

我把这件事告诉了那两个兄弟。当时，这位年轻的军官正要离开伊朗沙赫尔，因为警察局长休假回来了。没过多久，我们被告知为转移到新的流放地做准备。之后，警察们晚上来到我们家里，让拉希米先生马上离开。然后他们又告诉我："你也在两个小时之后离开。"

我们尽力说服警察把动身的时间推迟到早上，但是他们坚称必须在晚上，我们也明白其中的缘由。当我们来到这座城市时，我们是陌生人，不为人所知。而现在让我们连夜离开这里，是因为当局担心城里老百姓的反应。

拉希米先生正在收拾行李和随身物品，警察却让他再快一点儿。由于他们过分施压，拉希米先生在那些警察和他们的局长面前发起怒来，并发表了一个简短而激情的讲话，那些言辞至今仍在我的耳边回响。

他对他们说道："你们不要被这种腐败的势力所迷惑，因为它很快就会垮台，而伊斯兰的力量即将崛起。"他在继续说着这些史诗般的言辞，而大家却觉得，他说的那些只不过是口号而已，我自己也认为他这种激情和史诗般的讲话不合时宜，还替他感到了不好意思。

总之，他们带走了拉希米先生，然后就轮到了我。我不得不去吉罗夫特。我对他们说:“我自己有一辆车,我必须得开自己的车才行。”他们说:“这是不可能的。”我说:“如果是这样,那我就拒绝去那里,你们想怎么办就怎么办吧!”警察局长除了同意也没有其他办法。我拥有汽车这件事,还有一个很有趣的故事,我还会简要地介绍它。

# 第十五章

# 磨难之后的胜利

## 我的汽车

我在被流放之前,为了执行一些伊斯兰活动任务而经常前往德黑兰。在那里,我需要活动并且不断地变换地点,因此我需要一辆私人汽车。我的一位忠诚的战友,也就是哈吉萨迪克·伊斯拉米向我建议,当我去德黑兰时,他让他的一个亲戚艾哈迈德·卡迪里扬为我提供一辆汽车。我接受了他的建议。

萨迪克·伊斯拉米在伊斯兰共和党总部的爆炸惨案中牺牲了。那次惨案系人民圣战者组织成员所为,当时牺牲的还有伊斯兰运动中其他杰出的骨干和领导人,最主要的是赛义德穆罕默德·侯赛尼·贝赫什提。艾哈迈德·卡迪里扬在革命成功前是一位商人,革命成功后他放弃了所有的生意和财富,彻底为政府和革命机构服务。他现在还健在[1]。

我每次到德黑兰时,为了拿到汽车便打电话给哈吉卡迪

1　2012年6月15日去世。

里扬，他自己或者他儿子就会把汽车给我送过来，供我在一两周之内使用。然后，当我离开德黑兰时，我会把汽车放在火车站或者机场的停车场里，把车钥匙藏在汽车的轮胎下面，然后我再打电话给他，他就会把汽车取走。

在德黑兰，我所使用的那辆汽车是标致404，是卡迪里扬的。因为他是商人，所以拥有几辆汽车。他是在革命胜利后众多放弃商业收入而专门为伊斯兰革命服务的人员之一。当然，也有一些人把革命当作了一个"商店"，利用它为自己谋取私利。

在伊朗沙赫尔，为了去城里的各个角落和往返扎黑丹机场，我需要一辆汽车。我穿着俾路支人的服饰去机场迎接来看我的家属和孩子，而且，俾路支人的服饰也很适合我的个头、脸型和胡须。在那种情况下，由于我被禁止离开伊朗沙赫尔，穿俾路支人的衣服也会比着宗教人士的服饰更好一些。现在我身边还有那件俾路支人的衣服，有时我还会穿一穿。

出于这个原因，我给哈吉卡迪里扬打了电话。我对他说："如果你认为伊朗沙赫尔和德黑兰一样重要，那你就给我派一辆车来。"几天以后有一个人来找我，对我说："你是××吗？"我说："是的。"他说："我给你送来了一辆轿车。"他给我看了一辆标致404，当然不是底盘高的那种。我问他："这是卡迪里扬先生让您送来的吗?”他说:“是的。”我说:“他的车通常都是底盘高的吉普车。”他说:“我不清楚,我只是一个当差的,负责把这辆车交给您。”这是一辆崭新的车。我在伊朗沙赫尔和吉罗夫特被流放期间使用了它。在流放结束后,我把车子放在了某一个人那里,并嘱咐他说:“请把汽车送到卡迪里扬那里。”而当时的这辆车子,由于在热带和坑坑洼洼的地方使用过,它该遭受的厄运基本都遭到了。但是后来,在我从伊朗沙赫尔返回马什哈德的途中,在途经德黑兰时,有一个人来找我,将一辆修旧如新的汽车给了我。我问他:“这是怎么回事?”他说:

“这就是你的那辆车。卡迪里扬从一开始就为你买下了它。”听到这话以后，我有些不知所措。我说：“他为什么不一开始就告诉我呢，至少我也不应该让他承担这个修理费用啊？”

车子留在了我的身边。革命胜利后，由于安全的原因，我乘坐的是伊斯兰革命卫队提供的专车。于是，我发现我不再需要那辆车了，所以我就以较低的价格把它卖掉了。因为当时汽车很便宜。随后，它又经过了五次或者更多次的转手。直到两三年以前，一位兄弟看到它在某一个买家的手中，就从他那里买了下来，收拾干净以后还给了我。那辆汽车现在还在我的手上。

## 前往新的流放地

让我们再回到前往新的流放地这一主题。当警察同意我驾驶自己的车子以后，我坐在了方向盘前。我的妻弟哈桑·霍贾斯特先生——我们称其为“哈桑先生”，在那几天来到了伊朗沙赫尔，他坐在了我的右侧。

他经常到伊朗沙赫尔来，把我的信件和消息带给在亚兹德、设拉子和其他地方的流放者，同时将他们的信件给我带回来。阿斯加尔普尔·穆罕默迪总是跟他一起去执行这项任务。在后排座位上坐着两名特工，每个人怀里都抱着一支破旧的大步枪。

一辆像散了架的老式警车吃力地跟在我们后面，很明显，我超过警车是很自然的事。于是，他们让我跟在警车后面。过了一会儿，他们又改变了主意，觉得还是我行驶在前面对他们有利。就这样，有时他们跑在前面，有时又落在了我的后面！他们不知道该如何是好了。我的车出了问题，水箱里的水开锅了，因此，我不得不时不时地停下来，而他们还坚持要我继续赶路。但是，他们自己也看到了我的汽车出了毛病。

在到达巴姆[1]（这是一座位于伊朗沙赫尔和吉罗夫特之间的城市）之前，我把汽车的水箱加满了水，然后便快速地向巴姆驶去，以便节省时间和摆脱炎热，也防止因水箱里的水保不住时而遇到麻烦。警车在后面几次示意让我停下来，我都没有理会。

后来，在我车上的两名警察注意到了我们与后面拉开了距离，他们让我停下来，但是我还是没有理会，只是对他们说

1　克尔曼省的一座城市，拥有世界文化遗产巴姆古城。

道："我们去警察中心，警车在那里会撵上我们的。"我们到了警察中心，为了追上我们而累得痛苦不堪的那些警员，在我们之后也上气不接下气地赶到了。

天气炎热，我已经疲惫至极。我看到在警察中心的大门入口处附近有一个房间，里面有一些上下两层的床铺。我对哈桑先生说："你去找哈吉萨迪基先生（一个住在巴姆的亚兹德青年，他是一名卡车司机，非常愿意为流放人员做事，经常带领一些人到伊朗沙赫尔去看我们），并告诉他我在警察中心。"我未经任何人的允许，躺在其中的一张床上便进入了梦乡。当然也没睡多久，因为我的那位亚兹德朋友非常热情地赶到了。

我告诉他："我的车坏了，我们离吉罗夫特还有十二法尔萨赫。这是条山路，沟沟坎坎的，还很狭窄，有的路段只能单行（这条路在伊斯兰共和国时期已经成为一条非常好的公路）。如果有可能，你用自己的车把我们送到那里，再把我的车送到修理厂去。"他说："遵命！"他回去把自己的车开了过来。他有一辆小型卡车。

## 在咖啡馆做礼拜

哈吉萨迪基坐在方向盘前，我坐在他的旁边。哈桑先生和两名警察坐在后排。还有三名警察开着警车跟在我们后面。将近中午的时候，我们到了一家咖啡馆。这家咖啡馆位于一个美丽的度假区，树木茂盛，气候宜人，还有清澈的泉水，在这条路上往来的人都知道它。这是一处旅客休息和吃饭的好地方。

我们下了车。我向咖啡馆走去，跟着我的人——两个平民和三个警察走在我的后面。我问了做小净的地方，他们把咖啡馆后面的一个地方指给了我，我向那个方向走去，看到了一个美丽的花园。我做了小净，并对同行的人说："我们在这里做礼拜吧！"在通常的情况下，警方都会反对这种建议，因为它是一个空旷没有遮拦的地方，并且在路人的眼皮子底下。但是他们并没有意识到这一点，只是过后才反应过来。

我们刚刚站好准备开始集体做礼拜，村民的目光就被我们吸引了过来。因为广大的平民，尤其是农村的居民，都喜欢与先知有血缘关系的人、宗教人士、反对执政当局的人和被当局所压迫的人。而所有这些特征都能够从我的黑色缠头、宗教服饰以及我身后反动警察的身上看到。当礼拜结束时，在公路的两侧聚集了一堆村民，他们吃惊而钦佩地看着我。

我们吃了午饭。我对警察说："我想休息一下。"他们试图说服我继续赶路，但是被我拒绝了。他们在我的要求面前基本都让步了。因为，第一，他们跟我已经熟悉了；第二，他们发现，无论他们说什么我都不屈服。于是他们接受了。我躺了下来，而警察们却站在了我的四周，他们害怕我跑掉！

小睡片刻之后，我起身做好了离开的准备。当我们向汽车走去时，看到几十个人正围着它，并高喊着祝福的话语。我也相应地向他们打了招呼，表达了我的敬意。警察既害怕又吃惊。鉴于他们陷入了困境，我也替他们感到难受。我们上了车，动身前往吉罗夫特。老百姓的这种态度反映了他们的内心想法。这对我们产生了很大的影响。

## 吉罗夫特

我们到达了吉罗夫特。吉罗夫特实际上是一个大的果园。这座城市原本好像就是一个果园，后来在这个果园里盖起了房子，开了商店，修建了道路。它的天气跟伊朗沙赫尔一样炎热，而且还很潮湿，有很多蚊虫。伊朗沙赫尔的空气干燥，但是干净，没有蚊虫。

他们把我带到了警察中心，那是一栋狭窄阴暗的建筑物，负责人都已经回家休息了。他们让我坐下来，等待警察到岗。我说："我不能待在这里，我想坐在楼外。"我把自己的长袍铺在了楼前的马路旁边，我坐在了上面。

街上空荡荡的，除了少数的路人看到我出现在警察中心并感到有些稀奇以外，就再也没有其他人了。我让哈桑先生去打听一下拉巴尼·阿姆拉什先生的住处。两个月前他被流放到了这座城市。我知道他在这座城里租了房子，还把自己的家眷带了过来。

我与拉巴尼·阿姆拉什先生的友谊说来话长，可以追溯到1336年[1]。那时，我在卡尔巴拉第一次见到了他，他和哈希米·拉夫桑贾尼先生在那里。后来，我们之间建立起了牢固的友谊。我们彼此欣赏，并且针对一门宗教课程，我们两个一起讨论了两年。

在警察中心办理完手续以后，我们向拉巴尼先生的住所

1　1957年3月21日至1958年3月20日。

走去。当他看到我时显得非常高兴,他说:“你怎么到这儿来了?”我说:“这都是命运的安排。”

我是继拉巴尼·阿姆拉什先生之后,第二个被流放到这座城市的人。之后,现在已故的拉巴尼·设拉兹先生也加入到了我们的行列。其他一些人也和我们汇聚在了一起,其中有些人是商贩。我们一共有九个人。当局的政策是将当时分散在伊朗十至十五个城市的流放者都集中在了少数几个城市里,防止这些人员把活动范围扩展到其他地区。因为流放者无论走到哪里都会做一些群众性的伊斯兰活动。

## 年长的流放者

我还记得,在我到达之后又过了几天,一个库姆的商人被流放到了吉罗夫特,他也来到了拉巴尼先生的家里,这所房子是所有流放者的第一落脚点。我们先集中到那里,然后又租了几套房子,从那里四散而去。我仍然记得这位商人到来的那一时刻,他之前的流放地是在呼罗珊省的周围,他从那里被流放到了吉罗夫特。

当时，我正躺在拉巴尼先生的家里睡觉，听到大门口有敲门的声音，我起身去开了门。我看到这个被流放人员带着两名警察和一辆装满家具及其他物品的卡车来到了这里，他把所有的家当都搬到了新的流放地。

从开始的那一刻，这个人的活跃、胆略、勇气和精明就吸引了我——精明是所有库姆人的特点之一！他让两个警察站得靠近一点儿，然后他把车上的东西一件一件地递到靠近他的那个警察手上，那个警察再传给另一个警察，后一个警察再把东西放在屋门口。他把这件事做得很麻利。每当他把一件东西递到警察手上，都会对警察说："说！打倒国王！"

这两个警察也不在意他的话，有时还在憨笑！这表明他能够强烈地吸引他们。后来我才知道，他还曾要求那两个随行警察在从呼罗珊到吉罗夫特的路上绕道到库姆，让他和家人在一起待上几天，然后再与他们一起来吉罗夫特，而且，一切都是按照他的要求进行的。

在这里我不得不说一下，库姆人以他们的热情活泼和聪明才智为革命作出了很大的贡献。甚至在那座城市长期生活的宗教人士，也都在一定程度上拥有了库姆人的这些优点。

当我们的人都到齐以后，我在大清真寺里举行了一些会议。在我们流放人员中，年纪最大的是拉巴尼·设拉兹先生。

我们把他推在了前面，其他人跟在他的后面。我们的小组由七名宗教人士和两名商人组成，我们以这种集体的方式去清真寺，为的是刺激人们的感觉。每天晚上，我们之中的一个人都会登上讲坛发表演讲，然后则会有口号响起。清真寺里响起的第一声口号，是从隔帘[1]后面那些妇女的口中喊出来的！

## 第一条革命消息

最初的革命消息，是我们还在伊朗沙赫尔的时候，传到了我们那里。库姆的不幸事件发生在1356年10月19日[2]。之后，各种不幸事件接连发生。在库姆那些烈士的第四十天祭日，发生了大不里士的不幸事件。而在大不里士烈士的第四十天祭日，又发生了亚兹德等其他城市的不幸事件。

当库姆的消息传到我们耳边时，我们感到了震惊和难以置信。因为当时的政治气氛非常压抑，在那种情况下，没有任何社会性的群众运动迹象。而且谁都没有料到局势会激化到

1 在清真寺里，男女是分开的，会有幕帘把他们隔开。

2 1978年1月9日。

对抗和不惜牺牲的地步。这一事件并没有什么能令人信服的准备,是出乎意料突然发生的。就其本身而言,是一件大事,它毫无征兆和准备,超出了人们的预料。

当不幸事件连续发生时,我们意识到一件大事正在酝酿之中。我认真追踪着各种事件。也有一些年轻人,向我提供正在发生的各种事件的细节。这些人包括一位叫萨利希的宗教学生,他是库姆人,刚步入青春,非常活跃。

在那些事件的紧要关头,萨多吉先生从亚兹德给我写了一封简短的信,要求我给他回信,说明国内正在发生的事情。我发现这是一个绝佳的机会,可以通过萨多吉先生面向全国的宗教人士,与他们交流,深入分析正在发生的事情,并把应该采取的立场和措施及时提供给他们。

因为宗教人士实际上已经步入了领导人民的战场中,而领导人民需要具备智慧、远见、对事件的深思、对未来的规划和面对阴谋时的警觉。这种特性除了库姆和马什哈德神学院或者德黑兰的宗教学者以外,在其他地方的宗教人员身上是很难找到的。因为他们中的绝大多数人都没有承担过涉及如此广泛的政治事件的领导工作。

我给萨多吉先生写了一封两页大纸的信。在信中,我从政治和宗教的维度表达了对当前事件的看法。他回信对我表示了感谢,并要求我提供更多的信息。我又用八页大纸讲述了宗教人士对伊斯兰革命承担的责任和在敌人的阴谋面前应该如何对抗的问题。这些内容以不署名的小册子的形式印制,并在马什哈德、亚兹德等地散发。

当我看到这种文章在解释和宣传领导人对事件的立场方面具有积极和重要的作用时,我便继续写了下去。例如,我利用设拉子重大事件的机会给阿亚图拉达斯特盖布写过一封四五页的信。这封信是写给他和设拉子的所有宗教学者的。我还从吉罗夫特给沙里亚特马达里先生写过一封信,写信的原因是报纸上发表了他的声明,他在声明中称一些人为“激进分子”。

沙里亚特马达里先生的做法是这样的:他自己的言论,既让统治当局高兴,又让群众满意。当然,这满意的天平是偏重执政当局的!执政当局是明白声明的含义的,并为此采取了强硬的立场。但是,摇摆和软弱的立场是可以迷惑大批群众的。“激进分子”一词既敏感又危险。因为如果这个词流行起来,那么所有走革命道路、追随伊玛目霍梅尼路线的人,都属于“激进分子”,都将被认定为“激进分子”。

因此,我给他写了那封信,让他注意发表这种言论的后果。我告诉他："这种话是在给执政当局递刀子，使它以'与激进分子做斗争'为幌子，对革命群众进行屠杀，而把这些罪责推在你的身上。"我写完这封信后签上了自己的名字，可是还未等我寄出便传来了在露珠广场，即现在的烈士广场发生了"黑色星期五"（1357年6月17日[1]）大屠杀的不幸事件。我又在信的旁边写道："这仅仅是屠杀'激进分子'的开始！"

我抵达吉罗夫特时，恰逢贾姆希德·奥姆兹加尔被免去首相一职，以及他的接任者谢里夫·埃马米的上台。这表明一些事件的进程在加速发展，危机已经波及全国，局势已经升级到了当局失控的地步，它的施压也减小了。当局的这种失控，包括失去了对流放人员的管控。一些被流放人员未经许可便离开了吉罗夫特。这些人当中，有的人没有遇到麻烦而获得了自由，有的人则在德黑兰再次被捕。而被捕的人当中，有的人也没有返回吉罗夫特。如穆罕默德·贾瓦德·霍贾提·克尔曼尼先生，他被流放到了萨南达季，后来，当局告诉他必须去吉罗夫特。他到达德黑兰以后便拒绝前往吉罗夫特，留在了德黑兰，因此被拘留了几天。但我留在了吉罗夫特，这样他们就不会说我逃跑或厌倦了流放地。我不想跟那些兄弟一样，在

1　1978年9月8日。

逃跑的路上被捕，因为这与我的身份不符。所以我留了下来，等待公布结束流放的命令，我知道这种事情很快就会发生。

## 结束流放

一天晚上，警察局长来了，他对我说："你自由了！"我没有流露出任何的惊喜或高兴，显得对这个消息并不感兴趣。他则是一副不解的样子。我说："我想留在吉罗夫特！"他更加疑惑了，坚持让我抓住机会赶紧离开。我对他说："不，我留在这里。"我这样说是有目的的，因为我觉得，他们想释放我也可能是一个阴谋，有可能会在我离开的路上除掉我。

我以前听说过，有些流放人员在返回的路上，在一场人为的车祸中被除掉了，我是从收音机里听到这种消息的。在那些日子里，收音机里在广播议会开会时的实况辩论，而这个消息是一位议员在会上说的。当时，议会里出现了奇怪的混乱，一些议员出于讨好的目的而想为革命者辩护。此外，警察局长的坚持进一步增加了这种阴谋的可能性。

我决定在当局不知情的情况下离开吉罗夫特。我派了一个人去巴姆，让他到我的朋友卡车司机哈吉萨迪基和另外一个人亚兹丹潘纳赫那里，把他们两个叫到吉罗夫特来。当他们到达以后，我对他们说："我打算逃离吉罗夫特。"我把事情的经过告诉了他们。他们说："我们夜里把你送走，你的汽车和用品先留在吉罗夫特，以免当局察觉你离开了这个城市。"

在我的住处有很多家具和用品，大部分都是那些来看我的人拿来的。我挑了一些必需的东西，其他的都留了下来。我告诉他们："这些东西是捐赠给来吉罗夫特的流放人员的。但是幸好后来没有人使用它们。"在真主的帮助下革命的浪潮掀起来了，并且在他的帮助和恩典之下取得了胜利。

天亮之前，我们离开吉罗夫特向巴姆驶去。之后，一位兄弟把我的汽车弄到了巴姆。我在巴姆停留了两天，见了一些当地的朋友。然后我们向克尔曼驶去，这是一次有趣且充满美好回忆的旅行。在这次旅行中，我们一直在夜间行驶。有几个理由令人感到异常惊喜：自由、群众性的伊斯兰革命高潮和光明的未来。所有这些都一路伴随着令人兴奋的夜晚之旅。

我在克尔曼的一所宗教学校落了脚，然后去了市场买鞋和袜子。我在伊朗沙赫尔和吉罗夫特时，因为酷热而不穿袜子，但克尔曼的情况就不同了。可是我的钱不够，所以只买了一双袜子。

有一位克尔曼省拉夫桑詹[1]的流放人员，是一个谢赫，叫阿巴斯普尔·穆罕默迪，他先是被流放到了伦格港[2]，后来因为疾病被转移到克尔曼进行治疗，他住在一个商人的驿站里。当他得知我来到克尔曼时，便邀请我去他家并坚持让我留下来，我只好同意了。我在克尔曼待了两天。这两天完全是会客和见面。由于之前当地的百姓就已经认识了我，所以都来拜访我，因此，我从早到晚都是在他家里接待那些一批批来看望我的人。

在克尔曼，我们收到了伊拉克当局向伊玛目霍梅尼施压并围攻他住所的消息。

我继续赶路，去了亚兹德。萨多吉先生是这座城市名副其实的领袖，他为群众明确了在政治、经济和抵抗斗争等各个领域的立场和任务，并对他们进行了培训。他不惧怕任何事情和任何人，以十足的勇气进行革命，像狮子一样与执政当局做斗争。他经常在夜深人静的时候，在没有任何人员护卫的情况下，只身穿行在大街小巷之中。

当我在亚兹德时，听到了伊玛目动身前往巴黎的消息。我从亚兹德乘飞机到了德黑兰，然后又从德黑兰飞到了马什哈德。我留在了马什哈德，组织一些革命活动。后来，因为一

1 克尔曼省的一座城市，所在地区是伊朗开心果最主要的产地。

2 波斯湾沿岸港口小城，属霍尔木兹甘省。

件事——这里就不细说它了,根据伊玛目霍梅尼的命令,我被召唤到德黑兰,为的是参加革命委员会。

在1357年11月22日[1],伊斯兰革命胜利了。在1360年的年中,我当选为总统[2]。从结束流放到成为革命委员会成员大概是四个月的间隔,而从被释放到当选为总统之间有三年的时长!

以前和以后,凡事归真主主持。在那日,信道的人将要欢喜。这是由于真主的援助,他援助他所意欲者。他确是万能的,确是至慈的。[3]

超绝哉你的主——尊荣的主宰!他是超乎他们的叙述的。祝众使者平安!一切赞颂,全归真主——全世界的主![4]

1 1979年2月11日。后2月11日为伊朗国庆日。

2 1981年10月2日当选总统,9日得到霍梅尼的任命,13日在议会宣誓就职。

3 《古兰经》第30章第4、5节,马坚译,1981年版。

4 《古兰经》第37章第180—182节,马坚译,1981年版。